图书在版编目（CIP）数据

"一带一路"与世界轴：基于新陆权主义的全球空间系统重构/罗志刚，丁家骏，赵环著.
上海：同济大学出版社，2019.3
ISBN 978-7-5608-6687-1

Ⅰ.①一… Ⅱ.①罗… ②丁… ③赵… Ⅲ.①"一带一路"
国际合作－研究－中国 Ⅳ.①F125.5

中国版本图书馆CIP数据核字(2019)第055716号

"一带一路"与世界轴——基于新陆权主义的全球空间系统重构
责任编辑　　陈立群(clq8384@126.com)
电脑制作　　张晓明
责任校对　　徐春莲

出　　版	同济大学出版社　www.tongjipress.com.cn
发　　行	地址：上海市四平路1239号　邮编：200092　电话：021-65985622
经　　销	全国各地新华书店
印　　刷	上海锦良印刷厂有限公司
成品规格	190mm×260mm　160面
字　　数	250000
版　　次	2019年3月第1版　2019年3月第1次印刷
书　　号	ISBN 978-7-5608-6687-1
定　　价	68.00元

The Belt and Road Initiative and World Axis
Reconstruction of Global Spatial System based on New Continental Power-ism

"一带一路"与世界轴
——基于新陆权主义的全球空间系统重构

罗志刚 丁家骏 赵 环 著

同济大学出版社

编研团队

罗志刚城乡规划创新研究工作室（同济大学"劳模创新工作室"）
上海同济城市规划设计研究院有限公司罗志刚工作室

主笔：罗志刚

参编：
丁家骏，研究新陆权主义，网络城市、全球经济人口城市化等发展现状，主要经济体产业发展特征等。赵环，研究新国际劳动分工，世界城市、全球城市。郝丰，研究世界资源布局、文化分区。任华，中欧班列研究。

自 序

本领域的学术研究，需要树立正确的"经世政学观"，即经纬天下的正确学术观。"政"，是采取措施使之正确之意，也有政治的含义。许多人一提政治就反感，其实无论东西方，任何国家都有政治。政治是各种权力主体按照一定的组织方式维护自身或集体利益的行为。认清该领域西方学术思想底层政治逻辑的缺陷，并由此认识以往我国各种学术思想的局限，思考以中国崛起、全人类共同发展为最高政治目标，弘扬自立、自强、报世济民的"经世政学观"，是本书的第一个宗旨。

为了理解西方学术思想的底层政治逻辑，我们从资本主义的"世界城市"说起，"世界城市"的最核心指标是"金融中心"。为什么是金融中心？因为自20世纪60年代以来的新国际劳动分工(the new international division of labor)，开启了劳动密集型制造业向发展中国家转移的进程，发达国家的产业则从制造业向生产性服务业和金融业快速转移，在此背景下产生了以金融"服务(控制)"为主要职能的世界城市、全球城市。几乎所有人被这种分工体系所迷惑。资本主义的全球金融中心到底是干什么的？我们需要透过现象看到本质，其天职就是攫取全球利润，甚至包括资本集团间的互相掠夺。在20世纪60年代以后，资本主义的金融体系干了这几件大事：

20世纪80年代，拉美经济危机；

1985年广场协议，引发日本长期衰退；

1998年亚洲金融危机；

2008年美国次贷危机；

2017年开始的美元加息；

2018年掀起的美国贸易战。

以上周期性循环的经济危机或危机性事件，多是有意识的人为事件，被俗称为霸权资本对全球财富的"剪羊毛"，有些危机则是由于资本掠夺机制的逐级投射导致失控伤及自身。在"剪羊毛"过程中，世界城市的金融机构以金融操作(汇率涨跌等)为手段获取巨额利益。所以，"世界城市"是资本主义生产体系进入金融资本主义阶段的产物。"世界城市"生来就带有鲜明的政治性——为资本服务，也带有鲜明的文化性——掠夺、剥削，掠夺和剥削是资本主义的基本文化基因。如果搞不清这一道底层逻辑，那么所谓的学术研究就是"盲"的。

中国的生存、崛起之道，不同于美国。中国不是靠"剪"别国的"羊毛"来生存。中国的深层文化意识是"天下大同",中国的政治意识是合作共赢。中国也有对外金融服务(亚投行、货币互换等),但主要发展理念不是靠金融操作赚取利润,因为中国并不像美国那样有货币霸权。所以,资本主义版本的"世界城市"不是中国追求的目标。中国今天的发展也在发挥资本的作用,但是对资本的使用思想不是"剪羊毛",而是合作共赢。许多人一说起资本,就说中国也在搞资本主义那一套,实际上资本无对错,对与错在操纵资本的人的思想——深层次看还是文化的底层架构。

伴随中国的崛起,需要有出自中国的"经世政学"思想同步崛起。

其次,事关发展的学术研究,必须抛弃对西方研究成果的盲目信任和崇拜,必须辨高下、明是非,在深刻理解东西方文化差异的基础上,抛弃西方还原论式的研究范式,树立系统论的研究范式。这是本书的第二个宗旨。

中国的发展一直在追赶西方,中国的城乡规划基础理论也一直在学习西方,例如中心地理论(城镇体系)、城市化理论、世界城市理论、网络城市理论都来自西方,其研究方法往往是聚焦某几个指标进行研究,中国学术界的自我反思很少,最可怕的是盲目崇信西方,丧失了自己的思考能力,甚至比西方还"西方",严重丧失了系统、整体思维的能力。以城市化为例,人们认为城市化就是城市化,几乎没有人思考"城市群化",虽然国外有大都市连绵带,但国内规划界主体意识始终卡在"城市""城镇体系"概念上跳不出去,"城市群化"基本没有启动;再以"世界城市"为例,到底是那几个金融服务业指标更重要,还是世界政治经济格局的预先铺排谋划更重要?如果紧紧盯住那几个服务业指标,醉心于获取多么丰富的数据、构造多么精致的计算方法,而看不到资本主义政治经济体系的布局架构,那就终归抓不住要领,这就是还原论式的做法。中国要推进"一带一路"建设,自然有中国的政治逻辑、文化内涵、空间体系,自然要求符合中国意志的城乡规划和全球空间格局思想崛起,也就必然要求学术研究方法更新。

东方文明的认识论核心之一是"合",方法论之一是"系统构建""时局把控";西方文化的认识论核心是"分",方法论是分解、分析、分类等。

西方的学术研究,骨子里带着"分"的思想,典型代表如勾可[GaWC(Globalization and World City)]的"世界城市"测度,仅仅算那几个服务业指标,而不管资本主义的"国际分工体系",这就是切出事物的一部分进行研究,就是"还原论",好比仅仅研究人的五官,是无论如何搞不懂他的思想一样。中国现代、当代城乡规划领域的学术研究,受"分"的思想影响颇深,而从大系统、整体、整合、跨层次角度深刻思考问题、把握其发展变化的能力,尤其是谋变能力颇弱。从政治高度、文化深度理解东西方学术研究差异和是非高下的认知更少。好在东方智慧并未泯灭,从小处看有雄安新区的谋变,从大处看有"一带一路"的谋变,这些都不是靠定量的分析研究、指标体系构建和线性思维能够得出,它是一种谋变、构"局"的智慧。"局"比"指标"高级,局是活的,指标是死的。

改革开放40年来,城乡关系一直在变,城乡规划的思维方式却一直没怎么变,城就是城、乡就是乡,大中小城市的概念、范式、藩篱始终很难打破。城市群喊了多年,实质作用不大。

城乡关系的变化、大中小城市关系的变化、城市群与城镇体系关系的变化,必然是一个"此消彼长"的过程,核心概念是"变"。多年来,笔者一直在寻找城乡之"变"的根本动力来源。

一个重要的发现是：高层级的城乡系统结构是低层级城乡系统结构变化的动力来源。过去，东南沿海的城市群崛起，是由于全球生产力布局的变化——全球空间系统就是高层级系统，牵动了中国城市群的发展；未来，"一带一路"又将带来怎样的变化？如果仍然用西方学术思维来理解"一带一路"格局，将会非常费解。

自笔者从事城乡规划工作起，就一直在思考系统构建和格局谋变的问题，并形成了三个阶段的思想成果：第一阶段是在清华大学撰写的博士论文《人居环境系统的层级进化特征初探》，文中提出了城乡系统的"层—级进化"思想，即高级系统否定低级系统的思想；第二阶段是在同济大学博士后工作站的研究工作，以及随后在上海同济城市规划设计研究院的规划实践基础上，出版了专著《从城镇体系到国家空间系统》(同济大学出版社，2015)，将博士论文的理论思考与国家空间系统的实际相结合，提出了"国家空间系统"的格局体系，其中重点提出了"京沪鲁豫"大十字结构；第三阶段是自2016年起，在"一带一路"思想指引下，继续扩展已有的思维成果，把思维的尺度由国家推广到全球，从一开始兴奋地发现新结构(基于人口布局的理想世界轴格局)，到自我质疑、否定和论证，再到进一步解决问题，构建出更新的结构的过程，是一个兴奋、质疑、否定、彷徨、突破、释然的过程，其成果就是本书。

未来的中国和世界，将发生翻天覆地的变化，西方式学术研究的线性思维、还原分解思维无济于事。以东方思维方式、大国政治立场，探索、揭示未来全球空间格局变化的逻辑，为国家发展与建设提供新的观点和参考，为学术研究提供新的范式，这就是本书的写作目的和宗旨。

本书具有以下两个特点：

① 秉持经世政学观(也称政治学术观)。在事关人类社会发展的领域，不存在纯学术。学术为社会实践服务，社会实践带有政治性。所以，本书带有鲜明的经世(政治)立场。学术服务于政治、也应高于政治。明辨正确的政治方向，终极目标是服务于人类社会的进步。本书坚信人类共同的发展是最大的政治，中国倡导的"一带一路"就是最大的政治，以此为政，中国必将崛起，中国的崛起必将改变世界发展格局。西方政治范式制造了中东乱局、欧盟乱局、颜色革命等；东方政治范式提出的却是合作共赢、一带一路。不触及政治，本领域的学术研究就没有深度。本领域的学术研究需具有正确的政治立场，这就是本书的经世政学观。

② 崇尚格局学术观。本书不崇尚定量研究、指标分析；本书崇尚格局思维、关系思维、整体系统思维。

由于笔者参加汶川地震灾后重建，获得了"四川省先进个人"称号及"全国五一劳动奖章"。2017年再次得到同济大学校工会的关心，于5月12日为笔者的工作室授牌"同济大学'劳模创新工作室'"。荣誉在身，也是压力在身。我需要做出更多努力，以对得起"劳模"这个称号，于是萌生了写作此书的念头，并借写书之机，希望带动工作室的全体同事参与，以培养这一领域的后继人才。工作室的全体同事，为本书的写作作出了积极贡献。

写作此书的前提，是对当今世界发展一系列基本问题形成了正确的认知。最重要的是如何正确认识中国与美国，包括对中国文化、中国制度优势的认知，以及对美国强大的原因、美国今天面临的问题、当今世界经济运行基本原理和框架、东西方文化差异、思想差异等的认知。

首先要理解东西方文化差异，才能理解全球空间格局构建的条件。中国文化，自古就有"大同世界"的理想,今天又提出了"合作共赢"、建设"人类命运共同体"的主张;西方文化,自古就是奴役文化,又遇今天的资本主义,生来就以"攫取利润"为使命,到处掠夺全球资源和各国发展果实,到处制造动荡与分裂。奴役和剥削,是西方文化的两大基本基因。两种文化,产生了两种政治。如果以全球掠夺为宗旨,全球空间格局就是一个破碎格局,无法整合,这也是资本主义版本散点状布局的"世界城市"以及所谓"网络城市"的政治经济学解释。东方文化,是带领世界走向和谐发展的基本动力。有了这样的文化自信,本书的选题才能成立。

其次要对东西方两种基本的学术研究范式有清醒的思考,即对西方的还原论、分解范式和东方的整体论、系统范式的思考。持西方范式者最喜欢问你研究的指标是什么?却不知有比指标更深刻的"局势"和"规律"。系统的构建、破解、扩大边界再构建、改变条件再构建等,是笔者所理解的系统思维的精髓,系统是个活的、动态的系统——活变系统,很多人并不了解。在系统活变的前提下,仅仅用还原论分解范式去研究问题,犹如研究清楚了每一个分子,却还是搞不懂"生命""智慧"是怎么回事。如果眼光仅仅只看到"世界城市"的光芒,那就总是看不到"世界轴"的作用和整个世界形成的巨大格局。如果说城市像人体穴位,那么世界轴就像人体经络——气血巡行经络,才是深层次规律。

有了这些正确认识后,对来自西方的各种研究就有了辩证认知的能力,也就有了构建新的全球格局的能力。

罗志刚
2018.3.26

摘　要

　　全球空间系统是指全球各类空间发展单元和功能单元按照一定的组织方式和结构形成的整体系统。

　　当今全球空间格局是海权思想、边权思想、海运体系、新国际劳动分工体系综合作用的产物，是资本主义"世界城市"体系主导的沿海散点体系。

　　20 世纪 60 年代以来，由于西方国家的产业体系迅速向金融服务业转型、实体经济外移，所以不得不形成以"金融控制"为职能、对全球生产进行"控制"的所谓"世界城市"体系。资本的本性是攫取利润，所以，"世界城市体系"是金融资本主义的产物，为资本服务。现实中，资本为了其利益，不惜制造全球乱局，无法形成整合有序的全球空间系统。

　　世界大岛——欧亚岛的陆权体系，西方国家经历两次世界大战而无法控制，遂打断陆权通道（制造中东常年乱局），切碎"欧亚大岛"，使其碎裂为地缘小岛，同时强化海权，控制、发展世界岛东西两端的边缘地带（边权），形成对世界大岛的拉裂效应，也形成了今天的六大沿海或近海的世界级城市群。欧亚大陆东、西边缘地带的发展，既有利于国际海运贸易，也扩大石油需求，最终做强"石油美元"体系，这对海权主导国是一举多得的战略格局。可以说，大海权主义是当今世界的主导力量。

　　然而，陆权本就是诸权之本，本就应当成为世界的主导力量。陆路交通技术早已有突破性进展，联通世界岛已不存在技术障碍，且陆权沿线皆为可发展之地，而海权沿线，只能是路途，所以陆权本身就优于海权。近年来中国提出的"一带一路"倡议及"人类命运共同体"理念（本书合称为"新陆权主义"），为世界描绘了一幅新的发展图景。合作共赢的发展思路打破了"新国际劳动分工体系"的产业藩篱。新陆权发展所需的政治、经济、技术各方面条件正逐渐成熟。一个基于新陆权主义的时代即将来临。

　　本书提出以"世界轴"整合新陆权时代的全球空间结构。狭义的"世界轴"是以陆路交通主轴为依托的全球发展轴；广义的"世界轴"是指世界人口、产业、空间的集聚发展轴，并整合陆路交通轴、海运港口枢纽体系、航空枢纽体系、信息网络体系的巨型复杂空间体系。

　　现有的全球人口布局本身已经具有"轴带"特征，所以理想的世界轴格局应拟合人口轴带的布局。但是由于中东乱局等暂时性问题，可通过构建战略"绕行轴"的做法推进全球格局形成。

　　资本主义版本的"世界城市"体系将失去金融控制职能。新型世界城市将体现合作共赢的思想，形成由服务中心、科创中心、制造中心、人文中心、旅游休闲中心等一项或多项职能构成的多样化功能集群，并共同依托"世界轴"形成更大的巨型空间系统。

中国的国家空间系统，将由国内版本的1.0系统升级为全球版本的2.0系统，中国在世界轴格局中将作为"主节点"发挥作用，向外发散出五条轴，融通全球格局。

关键词：新陆权主义、"一带一路"、世界轴、全球空间系统

Abstract

The global space system refers to the overall system formed by various spatial development units in the world according to a certain organization and structure.

Today's global spatial pattern is the product of the comprehensive role of Sea power thinking, Rimland theory, shipping system, and new international labor division system. It is a coastal scatter system dominated by the capitalist "world city" system.

Since the 1960s, due to the rapid transition of the industrial system of the western countries to the financial services industry and the migration of the real economy, it has to form a so-called "world city" system that uses "financial control" as its function and "controls" global production. The nature of capital is to make profits. Therefore, the "world city system" is the product of financial capitalism and serves the capital. In reality, for the sake of its interests, capital does not hesitate to create a global chaos and cannot form an integrated and orderly global space system.

The world's big island - the Land rights system of the Eurasian island, counld not be controlled by the Western countries under two world wars. So they have been shredding the "Eurasian island" by making the Middle East perennial chaos, cracking it into some small islands, while strengthening Sea power, controlling and developing the fringe of the eastern and western ends of the world island (Rimland theory), forming a tearing effect on the world's big island, and also forming today's six major coastal or offshore world-class cities group(urban agglomeration). The development of the eastern and western fringe of Eurasia is not only conducive to international maritime trade, but also to expanding oil demand, and finally strengthens the "oil dollar" system, which is a strategic pattern for the dominant power of Sea power. It can be said that Sea power-ism is the dominant force in today's world.

However, Land rights are originally the foundation of all rights, and should have become the dominant force in the world. Land transportation technology has already been making breakthroughs. There are no technical obstacles in connecting world island, and Land rights areas are all developable places, while along the sea, it can only be a road. So Land rights themselves are superior to Sea rights originally. In recent years, China's "One Belt and One Road" initiative and the "Community of Human Destiny" concept (this book is collectively referred to as "new Land power-ism.") have been paintting a new picture of development for the world. The development thinking of cooperation and win-win has been breaking the industrial barrier of the "new international division of labor system." The political, economic and technological conditions required for the development of new Land rights are gradually maturing. An era based on new Land power-ism is coming.

This book proposes to integrate the global spatial structure into a whole system in the coming new Land rights era by using the "world axis." The narrow sense of "world axis" is the global development axis based on the main road of land transportation; The broad sense of "world axis" refers to the agglomeration development axis of the world's population, industry and space, and integrates land transportation axis, maritime port hub system, aviation hub system and information network system into a massive complex space system.

The existing global population layout has already presenting "axle" continuous feature, so the ideal world axis pattern should fit the layout of the population axis. However, due to temporary problems such as the chaos in the Middle East, the global pattern can be promoted by constructing a "strategy detour axis".

The capitalist version of "world city" system will lose its financial control function. The new world city will reflect the idea of cooperation and win-win, forming a diversified functional cluster consisting of one or more functions such as service center, science and technology center, manufacturing center, humanities center, tourism and leisure center, and relying on the "world axis" to form a larger giant space system.

China's national space system will be upgraded from the domestic version of the 1.0 system to the global version of the 2.0 system. China will play a role as the "master node" in the world axis structure, and will spread out five axes to integrate the global structure.

Key words: new Land power-ism, "Belt and Road", world axis, global space system

主要术语

世界轴：狭义概念是指全球陆路交通主轴或海陆复合主轴；广义概念是指全球人口、产业、空间发展的集聚轴，全球陆路交通轴、全球航空枢纽港、全球海运枢纽港、全球信息网络等均围绕该轴布局。本书采用广义概念。

全球空间系统：全球各类空间发展单元按照一定的组织方式和结构形成的整体系统。

全球空间格局：全球空间系统的形态与布局。

国家空间系统：人口、经济和空间三大子系统在国家层面相互协调形成的统一体。狭义地讲，就是指国家城乡空间体系，可以简称为"国家系统"。

国家空间系统1.0：以中国国土及海域范围为研究边界的空间系统。

国家空间系统2.0：以全球空间系统为条件，对国家空间系统1.0进行扩展与衔接所形成的系统。

新陆权观：继西方的海权、陆权、边缘地带权等对世界进行控制、挟制的权制思想之后，中国学者提出了新陆权观，认为陆权是基本权，其他一切权制力量都从属于陆权。新陆权观有三点主要含义：第一，由单纯控制观到综合发展观，既强调控制陆路交通要道、陆地资源，更强调发展权，即人类社会、国家在陆地空间的综合生存发展能力。第二，由简单陆权观到复合陆权观，新陆权观是一种立体陆权观，强调海、空、太空及网络空间等权制形态对发展陆权的意义。第三，由静态陆权观到动态陆权观，新陆权观在强调陆地空间重要性的同时，并不把它夸张到可以单独起决定作用的程度，而是以发展和变化的观点来看待。新陆权观实际具有了陆本观、人本观的内涵，即以陆为本、以人为本、以发展为本。

新陆权主义：新陆权观进一步提升，融入国家、政党意志后形成的主导性发展思想，本书称为新陆权主义。其最核心的思想内核是大同思想、合作共赢，不以武力统世界，而以发展合天下。陆权概念，演变为陆地人类家园全体人类共同发展的权利，陆权就是保卫人类发展权利的意思。新陆权主义已经超越了西方传统权制思想的杀伐制霸意识，是东方文明与智慧的综合体现。在中国，以政党和国家意志表达的新陆权主义，就是习近平总书记提出的"一带一路"倡议和"人类命运共同体"。

新国际劳动分工：自20世纪60年代以来，伴随西方发达国家进入后工业社会，以金融服务、商务资讯、技术研发等为主的现代服务业在西方发达国家快速发展、以加工制造为主的大量常规的、低技术含量的生产过程向欠发达国家和地区转移的现象，即现代服务业与常规制造业在全球进行产业分工布局的现象。

金融资本主义：也称金融帝国主义，是金融资本主导社会政治经济、通过金融系统进行的货币财富积累凌驾于产品生产过程之上的一种经济制度。

世界城市：在新国际劳动分工背景下，以现代服务业尤其是金融服务业为主要职能，对全球生产进行控制的城市，其本质是金融资本攫取全球利益的工具。

全球城市：即第一层级的"世界城市"。

流：西班牙社会学家卡斯特(Castells)关于网络社会的基本要素概念。"流"包括技术、资本、信息、组织的互动、影像声音和符号的传输，以及与信息化密切相关的交通流。

流空间：卡斯特《网络社会的崛起》一书中的重要概念，却是一个没有清晰定义的词，本书反对该概念。

网络社会 (Network Society)：卡斯特《网络社会的崛起》一书中的重要概念，主要指的是全球以及各行业的生产分工形式。

新型世界城市：以合作共赢为原则、以"世界轴"为骨架、共同参与世界政治、经济、文化活动的各级各类城市。新型世界城市以服务全球合作发展为根本职能，摈弃"金融资本"的投机属性，"金融"退回到本来的服务角色。

目 录

第一章 从"霸权塔"到"和谐村"——世界秩序大变局 ········· 23

    一、世界霸权体系 ········· 25
    二、霸权体系破局 ········· 25
    三、霸权与反霸权——"大同"思想，文明的较量 ········· 26
    四、世界格局重建——大同体系，格局的创新 ········· 26

第二章 重建认识论自信 重回东方智慧 ········· 29

    一、两种认识论 ········· 31
        1. 还原论 ········· 31
        2. 整合论 ········· 32
    二、两种认识论对全球空间格局的认识 ········· 32
        1. 还原论的认识 ········· 32
        2. 整合论的认识 ········· 33
    三、重回东方智慧 ········· 33

第三章 西方权制思想演变、新陆权主义及人类命运共同体 ········· 35

    一、总 述 ········· 37
        1. 权制观、权制论、权制主义 ········· 37
        2. 权制思想受生产力发展的制约 ········· 37
        3. 权制思想的发展阶段 ········· 37
        4. 超越权制思想 ········· 37
    二、西方权制思想的演变 ········· 38

1. 海权观、海权论、海权主义 …… 38
　　2. 早期陆权观及早期陆权论 …… 38
　　3. 边权观、边权论 …… 39
　　4. 其他权制思想 …… 40
三、美国"变陆为海"的"大海权"主义 …… 40
四、权制思想评价 …… 41
　　1. 权制思想的文化制约——低劣、野蛮、原始的意识形态 …… 41
　　2. 权制思想对全球空间格局的影响 …… 41
五、新陆权主义与"人类命运共同体" …… 42
　　1. 对陆权价值的新发现 …… 42
　　2. 新陆权观 …… 42
　　3. 超越"权争"的发展观、文明观 …… 43
　　4. 新陆权主义，人类命运共同体（共权观） …… 43
　　5. 新发展观，呼唤新的全球空间系统 …… 44

第四章 全球空间格局的相关研究 …… 45

一、总的历史背景 …… 47
　　1. 新国际劳动分工 …… 47
　　2. 金融资本主义 …… 48
二、基于金融资本主义的"世界城市体系"的研究 …… 49
　　1. 综　述 …… 49
　　2. 理论模型 …… 49
　　3. 世界城市 …… 49
　　4. 全球城市 …… 52
　　5. 对世界城市体系的评价 …… 52
三、基于"网络"范式的研究 …… 54
　　1. "网络社会"理论与"流空间" …… 54
　　2. 对卡斯特网络理论体系的评价 …… 59
　　3. 中心流理论、世界城市网络理论与"勾可(GaWC)测度" …… 63
　　4. 对"泰勒体系"的评价 …… 63
四、对世界城市、卡氏网络、泰勒体系等研究范式的总评价 …… 64
　　1. 西方思维及研究范式的还原论特征 …… 64
　　2. 全球空间结构归根结底是个政治问题 …… 65
　　3. 东方范式的系统、整合思想 …… 65
五、基于"城市群"范式的研究 …… 66

1. 理论模型	66
2. 研究概况	66
3. 发展现状	66
4. 评　价	69

六、基于"轴带体系"的研究 …… 69
1. 理论模型 …… 69
2. 早期的全球轴带体系研究——道萨迪亚斯"普世城" …… 69
3. 对早期轴带体系的评价 …… 69

第五章 世界格局变化的基本原理 …… 81

一、格局变化 …… 73
1. 格局变化的内涵——由海向陆 …… 73
2. 格局变化的条件与初步迹象 …… 73
3. 中西部城市群面临启动 …… 75

二、"格局变化"的基本原理 …… 75
1. 陆运与海运的经济性比较 …… 75
2. 原理阐述 …… 77
3. 小　结 …… 78

三、由海运到陆运变化的本质——时代变迁 …… 79
1. 海运时代 …… 79
2. 陆运时代 …… 79
3. 体验时代 …… 79

第六章 新的理论模型——全球空间系统 …… 71

一、背景与概念 …… 83
二、现状格局——全球人口与空间体系的连绵格局 …… 83
1. 全球人口分布呈现连绵态势 …… 83
2. 全球城市集聚区分布已呈连绵态势 …… 83

三、趋势预测——未来全球连绵趋势继续强化并发展 …… 86
1. 全球人口增长趋势及分布 …… 86
2. 全球城市化率仍将持续提高 …… 88
3. 全球 GDP 仍将持续增长 …… 88
4. 全球第三产业将持续增长，世界城市的作用将越来越大 …… 88

四、理论模型 …… 89

五、轴带体系的结构优势 ··· 90
1. 现实匹配性好 ··· 90
2. 战略匹配性好 ··· 90
3. 结构特性创新 ··· 90
4. 联系便捷、联通强度大、补充海运空运不足 ····························· 91

第七章 全球空间格局面对的复杂现实 ··································· 93

一、全球政治、军事格局 ··· 95
1. 北约、华约及其影响 ··· 95
2. 美国——全球战区控制世界 ··· 97
3. 中国——海外基地助推发展 ··· 97
4. 上海合作组织 ··· 97
5. 非洲 ·· 98

二、全球经济趋势及对总体格局的要求 ····································· 98

三、主要经济体产业发展特征 ·· 98
1. 中国 ·· 98
2. 美国 ·· 99
3. 欧盟 ··· 100
4. 日本 ··· 100
5. 俄罗斯 ·· 100
6. 印度 ··· 100

四、世界格局变化的主要影响因素 ··· 101
1. 交通——高速交通技术 ··· 101
2. 中国经济的赶超 ··· 101
3. 去美元化趋势不断加强 ··· 101
4. 新能源 ·· 102
5. 全球主导思想的变局 ··· 102

第八章 全球空间格局相关主张 ··· 103

一、中国——"一带一路" ·· 105
1. "一带一路" ··· 105
2. 对"一带一路"本质的理解 ··· 106

二、印度——季风计划、香料之路计划 ··································· 107
1. 宏大设想 ·· 107

2. 对印度的评价 ··· 107

　　三、欧盟——容克计划 ··· 108

第九章 全球空间系统构建的基础条件分析 ······································· 109

　　一、人口分布 ··· 111
　　二、资源分布 ··· 111
　　三、宗教分布 ··· 114
　　四、古文明格局 ··· 115
　　五、早期人类迁移路线 ·· 116
　　六、交　通 ··· 118

第十章 全球空间系统构建 ··· 121

　　一、理想格局及其问题——基于世界人口布局的空间格局 ······················ 123
　　二、修正概念——基于现实矛盾的主格局 ··· 123
　　　　1. 主节点 ·· 123
　　　　2. 障碍区与绕行线 ··· 125
　　　　3. 辅节点 ·· 125
　　　　4. 新型世界城市体系 ··· 126
　　三、辅格局 ··· 127
　　四、总格局 ··· 130
　　五、测评指标 ··· 132
　　　　1. 指标的作用 ··· 132
　　　　2. 指标构建 ··· 132

第十一章 中国对接"全球空间系统"——国家空间系统 2.0 ············ 133

　　一、"国家系统"主流认知——从城镇体系到"两横三纵" ····················· 135
　　二、国家空间系统 1.0 ·· 135
　　三、国家空间系统 2.0 ·· 138
　　　　1. 南北格局创新——打通亚洲南北干线 ·· 138
　　　　2. 欧亚大陆桥东部扇区连接 ··· 138
　　　　3. 东西格局创新——兰新线沿线区域规划创新 ······························· 138
　　　　4. 中 - 非格局创新 ·· 138
　　　　5. 国家空间系统 2.0 格局展望 ·· 138

21

第十二章 空间系统的层-级进化理论 ········· 143

一、层-级进化理论 ········· 145
1. 理论必要性 ········· 145
2. 层-级进化的概念 ········· 145
3. "层级进化"的形式 ········· 146

二、层级进化理论对全球空间格局的指导 ········· 146
1. 跨层级进化 ········· 146
2. 巨型开放系统 ········· 147
3. 新结构涌现性 ········· 147

第十三章 规划应用案例 ········· 149

一、太原：山西转型综合发展示范区——区域格局构建 ········· 151
1. 定位欧亚大陆桥新线节点 ········· 151
2. 识别构建亚洲南北干线 ········· 151

二、洛阳组团式城市发展战略——区域格局构建（2012） ········· 152
1. 发现"大三角"格局，提升城市群定位 ········· 152
2. 衔接大区域结构，引导本区域结构发育 ········· 154
3. 城市群规模分析 ········· 154

参考文献 ········· 157
致谢 ········· 159

第一章 从"霸权塔"到"和谐村"
——世界秩序大变局

一、世界霸权体系

当今资本主义主导的世界经济秩序,就如一台建立在一系列不平等"剪刀差"基础上的大型"剥削"机器,这一系列不平等包括:不平等价格体系(价格壁垒)、不平等贸易规则(关税壁垒)、不平等产业分工(专利壁垒),构成了从低到高的发展门槛。

在这三大壁垒之上,还有一道压顶石——即以美元为中心的国际货币体系,连同关税总协定,统称为"布雷顿森林体系",即由1944年7月在美国新罕布什尔州布雷顿森林举行的国际货币金融会议确定的世界经济秩序。美元与黄金挂钩,也称"黄金美元"。20世纪70年代中期,"黄金美元"崩溃,美元转而与石油"挂钩",成为"石油美元"。而维持这一体系的终极力量,是美国的军事霸权(图1-1)。

发展中国家要想逾越这些壁垒,难度非常大。

二、霸权体系破局

发展中国家要想摆脱霸权体系的束缚,必须逐层对应,形成自主发展的能力体系(图1-2)。其中,统一自主且调度有力的国家制度、巨大的人口总量是两大基本前提。前者保证国家具有基本的自主性和对社会经济活动的有效组织能力、对不利因素的有效控制能力,后者保证能够形成巨大的市场,以巨大的市场盈利能力抵消发展初期霸权体系所设置的价格剪刀差效应,从而获得持续提升的动力。

有了独立自主的国家制度,就能够组织形成

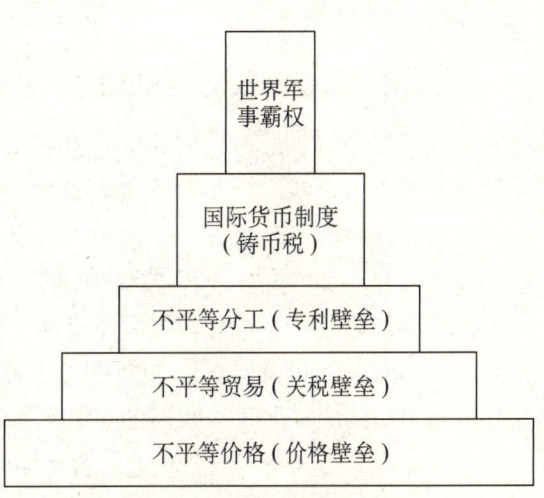

图1-1 美国主导的世界经济秩序的"霸权塔"模式

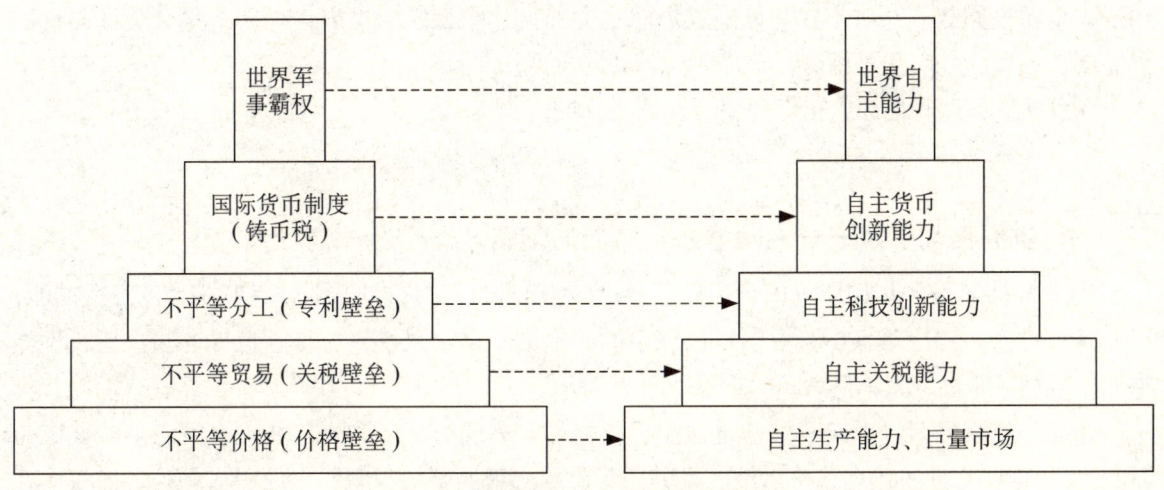

图1-2 霸权体系(左)与自主体系(右)

独立的科技创新能力、独立的军事自主能力，前者保证经济体系具有自我提升的能力，后者保证消除外部干扰的能力。

纵观当今世界，大量国家要么国小，要么人少，导致市场容量小，难以克服起步阶段的剪刀差，也难以组织全产业链生产体系；更尴尬的是，许多国家的所谓"民主"制度，恰恰成了内耗、低效的根源，难以形成统一有序的国家力量；还有的是社会制度自身的缺陷，如印度是人口大国，但因种姓制度、私有化体制、宗教信仰等，使其对资源的组织能力弱；还有的国家军事不独立；这些都难以具备破局能力。

特别比较一下印度。印度1947年正式建国，比中国还早两年，建国后既没受到过国际封锁，更没有大规模的战争爆发，而且国内还有英国人留下的铁路网，地形多平原，适宜发展；而中国建国后经历了朝鲜战争、三年自然灾害、十年浩劫，但是2016年中国的GDP为11.39万亿美元，印度为2.25万亿美元，印度约为中国的20%。两国人口相当，同是发展中国家，差距如此之大，或许与社会制度、种姓制度、宗教信仰有关。

目前来看，破局条件最佳的国家，非中国莫属。

三、霸权与反霸权——"大同"思想，文明的较量

霸权与反霸权，是当今世界发展的主旋律，孰胜孰败，起根本决定作用的并不是霸权或反霸权双方实力的强弱，而是文明的较量。

中国秦汉时期，即产生了"大道之行也，天下为公"的社会"大同"思想。这一思想在当今的含义演变为全球化背景下"合作共赢"的理念。

而西方的霸权主义思想，根源于资本"攫取利润"的贪婪本性。为了攫取利润，西方国家打着所谓"民主自由"的旗号，处处制造混乱与争端，抑制反对力量发展，处处制造分裂、矛盾。这种理念与中国的"大同"思想完全背道而驰。

得民心者，得天下。互联互通、合作共赢的大同思想，越来越获得世界各国的认同。

新的全球格局将不再统一于单一的西方模式，而是各种文化和文明相互融合、求同存异的格局。以军事霸权、经济霸权和以霸权思想主导的文化霸权统治世界，换来的是全球乱局；世界各国、各民族呼唤平等相待、和平共处、共同发展。

两种文明、两种思想，何者得民心，高下立判。

四、世界格局重建——大同体系，格局的创新

经过40多年发展，中国GDP已跃居世界第二，已具备了完整的工业体系和强大的工业产能，已有足够的实力向全球输出。中国目前提出的"一带一路"倡议日益得到世界各国认可。世界格局已经到了重新构建的阶段。

传统的霸权体系，对应着覆盖全球的霸权格局，体现为以海路为依托、以沿海港口城市为基点(吸血点)、向殖民地或落后地区及其内陆腹地辐射的"树根型"多级吸血结构。霸权体系

对各结构板块实行分别控制,并通过制造动荡、战乱、颠覆政权等割断主要板块之间的互相联通,刻意制造一个分裂混乱的世界格局,这就是霸权体系的基本空间模型(图1-3)。

新兴的"大同体系",以互联互通,合作共赢为基本原则,将打破霸权结构的分裂格局,构建形成全球联通结构(图1-4、图1-5)。

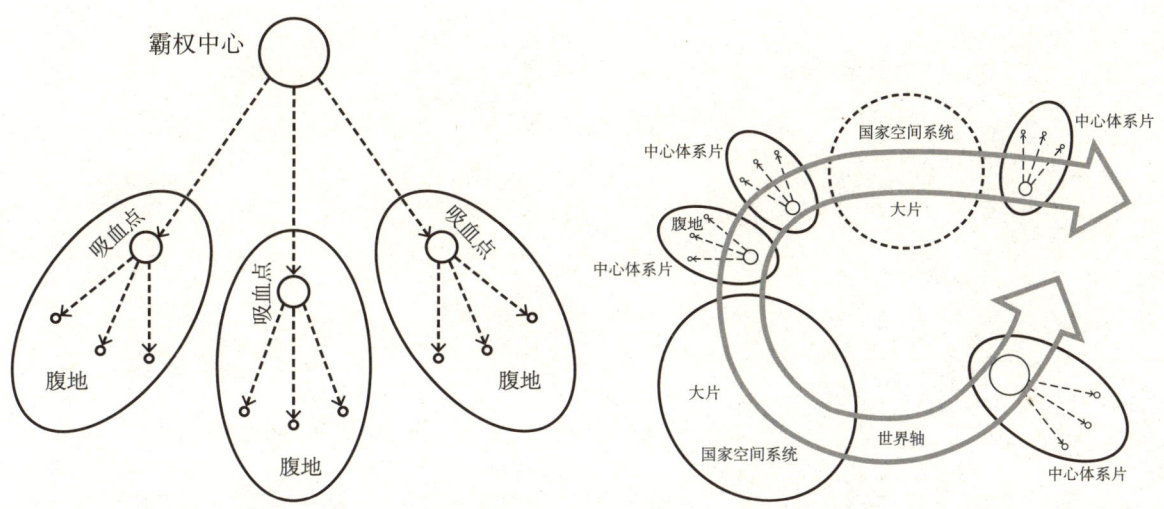

图1-3 霸权体系对应的空间模型——中心-离散结构　　图1-4 "大同体系"对应的空间格局创新——互联互通

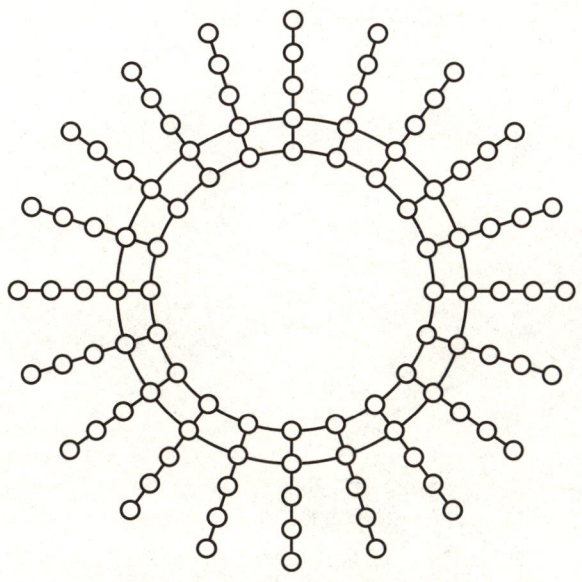

图1-5 与"大同体系"抽象模式图

第二章　重建认识论自信　重回东方智慧

一、两种认识论

本书开篇第一章讲述当今世界运行和变化的基本逻辑,本章随即讲述人类对世界认知的两种基本范式——"还原论"和"整合论"(或称系统论)。这两章,是正确认识当今世界问题、掌握当今世界运行基本规律、构建新世界体系最基本的底层思想和方法。

之所以在前面讲这两章,是因为本书讲的是全球空间格局,在这一领域早已有许多西方研究成果,如果不在认识论层面辨析明确,将会严重影响对新观点和正确观点的理解。本书的认识论抛弃西方的还原论,在研究方法上会显得与西方惯有的研究格格不入,比如,本书并没有多么复杂的量化分析,并没有多么大量的数据堆砌,这在许多研究者看来无法接受、极不适应。

近代以来,由于西方在科学上、军事上、经济上全面领先中国,导致许多人,包括许多领导、高级知识分子丧失自我、丧失文化自信和认识论自信,盲目地以西方为优,往往对西方的一切做法、一切科研成果不假思索地接受、关闭自我思考的阀门。这当然也与我们的教育体系全面对接、追赶西方不无关系。但是在21世纪的今天,再用西方思维认知世界,已经处处碰壁了,比如,金融危机持续影响世界、美国掀起贸易战、欧盟和中东到处乱局不断,等等。这一切的背后,是西方文明的危机和西方认识论的危机,我们必须对此进行深刻反思。

1. 还原论

"还原论"是西方文化及西方思维的基本特点。还原论,或称原子论、机械论,是近代科学所遵从的基本研究范式,它把高层次现象分解为低层次组分来研究,把事物的整体行为分解为部分来研究,与之相应,事物的质就归转为量来进行解释。

美国物理学家及人文科学工作者埃里克·詹奇认为,还原论"把所有现象都归结到一个解释层次上,这是物理学希望能够在物质的微观基本结构中找到的一个层次。……西方物理学还原论传统不仅建立在'微观简单性'的信念上,而且也建立在主要与空间结构有关的静态观念上。一种刚性结构可以方便地分成各个部分,并重组起来,在许多情况下,这样的结构可以理解为几种基本元素的组合。诸如重量、稳定性或强度等宏观性质,就可以用其构件及其构型加以解释[1]"。(图2-1)

我国人文科学工作者魏宏森、曾国屏认为,还原论是一种简单的线性思维,遵从分析和分解的研究范式。"整体被分解为部分,直至分解为质点,生命有机体被分解为细胞,行为被分解为反射,知觉被分解为点状的感觉,……所谓的系统,也只是孤立单元的单因果系统,它与环境之间的作用也是线性的相互作用,……系统中不同部分之间、不同要素之间的相互联系被忽略不计,相互作用似乎实际上不存在。[2]"

$$\boxed{整体} = \sum \boxed{部分}$$

图2-1 还原论的思维范式

---

[1] Erich Jantsch 著:《自组织的宇宙观》,曾国屏等译,北京:中国社会科学出版社,1992年2月,The Self-Organizing Universe,原版1980年,贝格曼出版公司出版,第29、30页。
[2] 魏宏森、曾国屏译《系统论——系统科学哲学》,北京:清华大学出版社,1995年12月,第238页。

由于原子论把整体分解为部分，"整体就仅仅在对于部分的研究之中来加以理解，从而整体也就等同于部分了。换言之，部分也就取代了整体。事实上，这种理解也就把世界仅仅分解为了肢离破碎的部分，如果说还有整体的话，那么整体就等同于部分的简单加和[①]"。

"形而上学机械自然观认为自然界只有数量的增减和机械的运动，没有质的变化。研究自然的方法主要是把整体分成部分，然后把各个部分孤立起来加以研究，分析之后的归纳，还只是停留在机械地加和上。[②]"

2. 整合论

整合论，或称系统论，是既有对部分、局部的研究分析，也有从整体、全局、运动变化的多维尺度对世界进行综合认知的范式。以中国文化及思维为代表的东方认识论属于整合论范畴。

西方也有对系统论的研究，但终究摆脱不了西方"还原论"思维原型的束缚，中国学者的研究最终走在了前面。

20世纪40年代"老三论"（系统论、控制论、信息论）的问世揭开了系统科学发展的序幕，60年代以来又陆续形成了一批基础科学层次的系统理论，包括耗散结构理论、协同学、超循环论、突变论、混沌理论、分形理论、复杂巨系统理论、开放的复杂巨系统理论等。20世纪60年代以来，我国学者对系统科学的研究走在了世界前列，初步创立了系统科学的体系结构，对认识世界和改造世界具有重要的认识论和方法论上的指导意义。

从1978年起，我国学者在钱学森的带领和推动下，按照科学学观点对系统科学的各个方面进行研究，开辟了"系统科学"的研究领域。经过我国学者多年的努力，系统科学作为一门一级学科的地位已基本确立。"与60年代以来国外同行的同类工作相比，国内系统科学论研究的规模之大、涉猎之广、探讨问题之深，都处于领先地位。……厘清了系统研究不同分支学科的界限，清除了国外学者的混乱认识，使系统科学成为一个具有明确含义的概念。[③]"为此，协同学创始人哈肯做出如下评论："系统科学的概念是由中国学者较早提出[④]"，"中国是充分认识到了系统科学巨大重要性的国家之一[⑤]"。

二、两种认识论对全球空间格局的认识

1. 还原论的认识

在全球尺度上，典型的"还原论"者虽然提出了"世界城市""全球城市""网络城市"的概念，却是用剥离出一些指标的方法进行研究认识，发展出了以勾可（GaWC）为代表的定量研究方法和成果[⑥]，并连续多年持续更新。这种貌似科学的研究方法，仅仅抓取了数百个行业门类中五项服务业的公司分布指标，就认为代表了全球最高端的世界城市。这在底层结构上就是一个碎片模型，它仅仅对认识世界城市中这几个指标的分布关系、层级关系有用，再指望它发挥更大的作用，不可能。甚至连纽约、伦敦所在的城市群地区本身就是一个更紧密的网络综合体这种事实都视而不见。这是其研究方法、思维方法本身决定的，即为了说明一个问题，有意识地屏蔽

其他问题的做法。

"还原论"思想的研究成果,对美国次贷危机、欧盟及中东乱局、英国整体经济的萧条没有一点点解释能力,尽管美国与英国占有两个顶级世界城市。"还原论"思想对"一带一路"大片没有世界城市的地区的发展也没有一点点解释能力。这就是还原论的致命问题。

2. 整合论的认识

在宏观尺度上,"整合论"者可以将"城市群"作为空间单位,组合更大的空间结构,例如中国的"两横三纵"城市化格局。

在全球尺度上,"整合论"者以全球整体的观点看待"全球空间格局",认为世界是多样化的、相互依存的、相互联系的,全人类是一个"命运共同体",全球空间结构是一个互联互通、合作共享的结构。中国提出的"一带一路"就是这一思想的体现。整合论的表达方法、研究过程、思考过程,并不一定是以多少个数据、指标构建繁杂的计算过程,而是以格局、关系进行表达、推演;不是以静态的断面看待一时的格局、关系,而是以动态、变化的过程进行认知、判断,能够做到全局把控、引导变化。

"整合论"思想得出了世界一体、共同发展的主张,短短几年,"一带一路"沿线国家和地区的合作建设已大致勾勒出新的全球空间格局。这就是整合论的强大之处。

三、重回东方智慧

城市、全球格局、全球发展,都是非常复杂、非常综合的问题,西方的还原论思维,在发展问题上,从一开始的"资本逐利"就奠定了其撕裂全球、掠夺全球的基本宗旨——所有的"世界城市""网络城市"概念都是建立在这样一套撕裂式的"剥削"体系上;在技术问题上,其割裂式的、加减法式的研究方法,只能解决具体的、局部的问题。繁杂堆砌的数据,往往使我们陷入迷茫,就如盲人摸象,不得要领。

中国城市规划界也受此不良影响颇深。例如,城市群的发展和所有城镇的发展并不应该是共同增长的过程,城市群的发展势必导致其他区域某些城镇的衰退、以及更多区域村庄的缩减,我们一贯提倡的"大中小城镇协调发展""大力建设新农村"与"以城市群为主体"等相互矛盾的观念,反映了这种割裂式、碎片化思维的影响;再如,一带一路概念早已提出,但西方提出的"世界城市"及其后续"网络城市"的概念仍然影响颇深。我们应该想想那些没有"世界城市"的地区,

---

① 魏宏森、曾国屏译《系统论——系统科学哲学》,北京:清华大学出版社,1995年12月,第209页。
② 王德胜著,《科学史》,沈阳出版社,1992年,第267页。
③ 苗东升著,《系统科学精要》,中国人民大学出版社,1998年5月,第1、2页。
④ 协同学创始人哈肯的评论,转引自许国志主编:《系统科学大词典》序二,昆明:云南科学技术出版社,1994.
⑤ (德)H.哈肯著,杨家本译. 协同计算机和认知:神经网络的自上而下方法 [M]. 北京:清华大学出版社,1994.
⑥ 以彼得·泰勒为首的 GaWC (Globalization and World City) 团队基于连锁网络模型 (Interlocking Network Model) 对世界城市网络联系进行了测度。测评方法是对从事跨国性生产服务业(包括会计、广告、法律、管理顾问、金融服务行业5大类)的跨国公司在全球的办公网络布局的统计,并计算相应的网络联系度指标得出的。

是不是永远不发展？那些虚拟、离散、割裂、寄生在旧版全球化体系上的网络概念"流"，到底与"一带一路"的体系是不是一回事？

东方智慧，不只在研究方法上以系统、整合见长，更重要的是，在发展问题上，从一开始的"世界大同"思想就孕育了其优秀的价值体系、培育了健康的思想内核，以阴阳哲学为指导的一系列方法体系也富有无穷的活力。

本书尚无法触及更深层次的东方智慧问题，仅仅在全球空间格局问题上，以具有东方特色的系统、整合、阴阳的思维进行格局构建、关系推演，便能得到一套完整的、完全有别于西方"世界城市"范式的思维成果。中国，需要崛起自己的学术研究思想。

第三章 西方权制思想演变、新陆权主义及人类命运共同体

一、总述

1. 权制观、权制论、权制主义

通过控制关键要素、构建关键控制体系可以对全球进行控制的认识,就是权制观。不同的控制体系形成了不同的权制形态,包括海权、陆权、边缘陆权(边权)等,广义的权制形态还包括空权、太空权、网络权、核权、信息权、意识形态权、金融权、技术权、规则制定权、资源控制权等。

对如何利用权制要素、构建权制体系、形成权制能力所做的设想、拟定的行动路线等就是权制论。

"权制论"上升为政党、群体或国家制定行动纲领、统领相关事务的指导思想,就是"权制主义"。

2. 权制思想受生产力发展的制约

权制思想,由海及陆、及边、及空等,受到技术发展的根本性制约。工业革命尽管极大地解放了生产力,但构建全球格局离不开交通技术的发展和成本的制约,早期全球尺度仅仅有航运覆盖能力的时代,催生了对海路体系的控制思想,就是海权观。随后陆路交通技术逐渐发展,陆路交通成本逐渐降低,才出现了陆权思想。边权思想则又在其后。

3. 权制思想的发展阶段

初级阶段的权制思想,表现为单一的海权或陆权等单权思想,属于简单思维阶段。如早期殖民者发展的海上霸权、德国发动的两次世界大战。

高级阶段的权制思想表现为多权制形态的综合运用。强调海权,就要打击陆权、发展边权,如美国所为;发展陆权,也不能抛弃其他权。

4. 超越权制思想

西方的权制思想,以控制、挟制、剥削为目的,这源于其文化基因中的奴役思想。西方历史缺乏传承延续,缺乏像中国一样血脉传承的家国意识,因此对天下的态度是"霸天下",他人皆为奴;而中国是"家天下",以天下为家、以利济天下,这样的意识,不屑于以权(武力)制天下,但必须以权稳天下。

东方文明视天下为家、为友,秉持天下一体的发展观,这从基础价值层面就已经超越了"权制"观。在东方文明面前,西方权制思想将被超越。

二、西方权制思想的演变

1. 海权观、海权论、海权主义

由于海运不需要像陆运那样修路,只需有船即可航行联通,成本相当低廉,因而海运是最早联通全球的交通方式。认为通过控制海路关键航线及港口就可以控制全球的观点称作"海权观",以此为依据对如何控制全球所做的论断就是"海权论","海权论"上升为政党、群体或国家制定行动纲领、统领相关事务的指导思想,就是"海权主义"。

最早提出海权论的是美国军事理论家马汉①,他于1890年发表《海权论》,主要推论如下②:

① 谁掌握了世界核心的咽喉航道、运河和航线,谁就掌握了世界经济和能源运输之门;

② 谁掌握了世界经济和能源运输之门,谁就掌握了世界各国的经济和安全命脉;

③ 谁掌握了世界各国的经济和安全命脉,谁就(变相)控制了全世界。

马汉的海权论是海洋国家的立国之本,其最大的战略作用就是通过控制世界的海运物流路线,挟制全球贸易、变相地挟制了全球经济。

2. 早期陆权观及早期陆权论

19世纪末,随着工业的迅速发展和陆路交通技术的进步,陆路交通优势逐渐显现,由此形成了早期陆权观。最早阐述这一观点的是英国地理学家麦金德(Halford John Mackinder, 1861~1947),他曾任牛津大学地理学教授和皇家地理学会会员。

早期的陆权观认为,随着陆上交通工具的发展,欧亚大陆的"心脏地带"成为最重要的战略地区,这集中体现在麦金德的《历史的地理枢纽》(1904)③、《民主的理想与现实》(1919)④、《全世界赢得和平》(1943)等著作中。

在麦金德看来,整个世界的历史就是大陆强国和海洋强国相互斗争的历史。现代运输已把大陆缩成了岛。欧洲、亚洲和非洲并不构成三个而是构成一个大陆——"世界岛"。这个"世界岛"是世界力量的真正重心,西半球只不过是面积较小、人力较少和天然资源较差的一个岛而已。世界岛的中心位于欧亚大陆中部的心脏地带。"心脏地带"和阿拉伯地区的某些战略要地,一定要看作具有世界重要性;因为占有这些要地,可以促成也可以阻止世界霸权的形成。

麦金德提出,谁统治了东欧谁便控制了"心脏地带";谁统治了"心脏地带"谁便控制了"世界岛";谁统治了"世界岛"谁便控制了世界。麦金德还提出,一旦铁路网遍布"世界岛",君士坦丁堡(今土耳其伊斯坦布尔)就成为世界上铁路、汽车和飞机交通最发达的地区之一。有可能以君士

---

① 马汉,全名阿尔弗雷德·塞耶·马汉(Alfred Thayer Mahan 1840-1914),为海权论的创立者近代制海权理论的奠基人,美国海洋历史学家。
② 温骏轩著,《谁在世界中心》,中信出版集团,2017年6月。
③ 麦金德著,林尔蔚、陈江译,历史的地理枢纽,商务印书馆,北京:1985.
④ 麦金德著,武原译,民主的理想与现实,商务印书馆,北京:1965.
⑤ 出自斯皮克曼"边缘地带理论",引自温骏轩,《谁在世界中心》,中信出版集团,2017年6月。

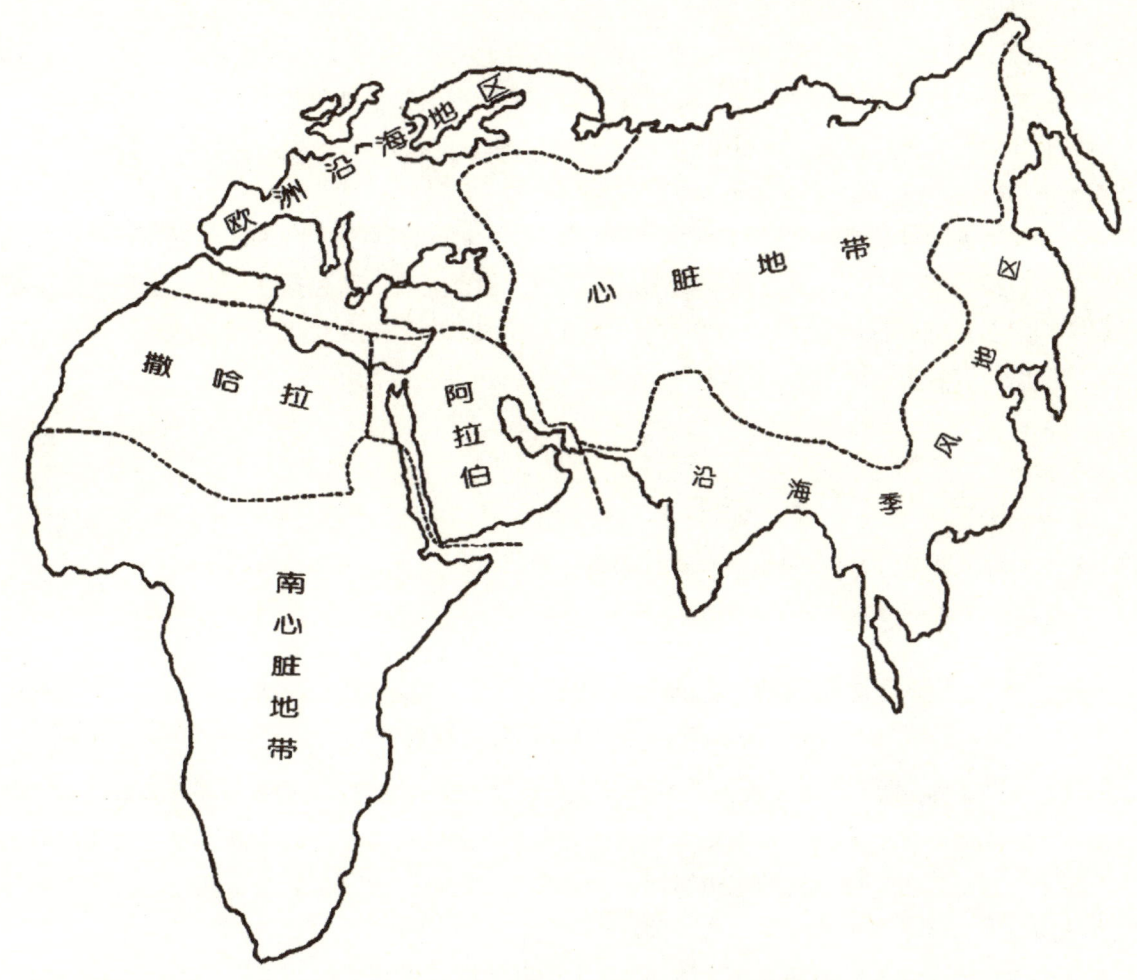

图 3-1 世界岛与心脏地带（资料来源：《民主的理想与现实》，商务印书馆，1965）

坦丁堡为依托，把西方和东方结合在一起，使海洋的自由永远渗入"心脏地带"（图 3-1）。

麦金德的思想在西方实际政治生活中影响很深，第二次世界大战期间，他的大陆心脏说曾被德国地缘政治学家卡尔·豪斯霍费尔（Karl Haushofer）用以支持其获取"生存空间"的计划。

3. 边权观、边权论

自 1942 年太平洋战争爆发，美国开始形成了全球控制意识。基于自身的"美洲岛"区位，地缘政治的另一个重要奠基人斯皮克曼（Nicholas John Spykma）于 1942 年提出了"边缘地带理论"（Rimland theory）。边缘指的是欧亚大陆东西两端的两个"边缘新月形地带"，斯皮克曼将该地带提升为欧亚大陆最重要的地缘力量，他认为这两个能够将陆权与海权完美结合起来的地区，才是欧亚大陆最具潜力的地区。对这一地带权制价值的认识，就是边权观（边缘权制观），主要推论包括以下三点[①]：

① 谁（无论以武力还是和平方式）统一或整合了欧亚大陆东西两端的边缘地带，谁就掌握了世界最具潜质的地区。

② 谁掌握了世界最具潜质的地区，谁就能成为欧亚大陆上的世界强国。

③ 谁能成为欧亚大陆上的世界强国，谁就会成为美国最强有力的挑战者。

"作为一个以海权立足的国家，美国并不敢轻视欧亚大陆的能量①"，为了控制具有陆权潜力的欧亚非世界大岛，就需要控制大陆的边缘地带、防止陆权真正形成。这就是"边权论"（边缘权制论）的含义。

麦金德从英国自身区位出发，后来也吸收了"边权论"的概念，于1943年对自己的陆权论做了修正，提出了"大西洋统一体"概念，把美国、加拿大和西欧包括在一个单位中。这个概念在20世纪后半叶发挥了重要的历史作用，基于"大西洋统一体"的北约最终战胜了以苏联为代表的"欧亚大陆中心统一体"（华约）②。

4. 其他权制思想

除以上形态外，还有空权、太空权、网权、核权等权制形态，广义地讲，还可以有金融权、技术权（知识产权）、规则制定权、资源控制权、意识形态权等。本书不做阐述。

三、美国"变陆为海"的"大海权"主义

马汉、麦金德、斯皮克曼三人的学说奠定了地缘政治学的基础。美国基本是按照马汉的"海权论"在控制海洋的战略要点；斯皮克曼的"边权论"则使美国一方面控制了亚欧大陆的西边缘地带——西欧，另一方面封锁东边缘地带——中国。这样做就是为防止出现一个与之对抗的世界强国③。

实际上，美国是综合运用了海-陆-边三大权制思想，并辅助以其他权制手段，将海权思想发挥到了极致，本书称其为"大海权"主义。其逻辑思路为：

① 世界历史（如蒙古帝国）及两次世界大战已经证明，即使陆权强国也无法以武力统治世界大岛，美国是"小岛"国家，统治大岛本就是弱项，干脆顺势而为。

② 美国作为世界"小岛"，出于自己利益，必须破坏大岛的联合，表现在对中东、东欧地区常年制造动乱，对中俄两大国分而行制，包括采用意识形态不断渗透（如1989年的自由化等），使得本来是优势的世界大岛碎裂为若干小岛，从而将陆权也转化为海权的形式秩序中。在这一步，

---

①从海权到陆权：未来的世界中心在哪里？http://cul.qq.com/a/20170731/034354.htm，摘自《谁在世界中心》，温骏轩著，中信出版集团，2017年6月。
②、③参考温骏轩，《谁在世界中心》，中信出版集团，2017年6月。
④中国古代并没有奴隶制历史，自尧舜禹开始，就是以文明教化天下、维持文明延续的历史。大明王朝，航海能力世界第一，也未产生海权思想，这与文化内核息息相关。
⑤中国历史上的战国之争，是为平天下之乱局，并非为奴役诸国而战。
⑥培育中国的沿海制造业体系，从而使中国成为大体量石油用户，做大"石油美元"蛋糕，从而美国可以获取巨大的美元霸权利益，这或许是"海权"思想的新发展。

核心思想是"打碎"。

③ 边缘权的使用,更撕裂了陆权的向心联合能力,并且还不止于此,通过借势或培育边缘地带的产业集群(欧洲西北城市群、中国沿海城市群、日本三大都市圈),增加了海洋贸易的需求、也增加了石油需求,这些最终全部落入海权的控制体系中,从而坐稳了美国版的世界贸易体系以及"石油美元"霸权体系。

美国的"大海权"思想无疑在技术上是成功的,但其碎裂世界的出发点,注定了其站在与人类进步反向而行的反动面上。

四、权制思想评价

1. 权制思想的文化制约——低劣、野蛮、原始的意识形态

"权制",以权挟制、构建控制权对世界进行统治、挟制的意思,这种思想源于西方社会早期的奴隶制历史和近代以获攫利润为宗旨的资本主义生产关系,思想基础是奴役和剥削两个基因④。奴役、剥削思想深入西方文化的骨髓和基因,通过奴役、占有、剥夺他人,建立自己的财富帝国。这种意识形态决定了其所到之处战乱不断。但是,再强、再多的"权制"手段,都是以占有、压制、剥削为目的,都丢失了一个最根本的要素——"人心",权制越强,人心越反。为了弥补"人心"不向的缺陷,西方又搞出了"意识形态权""网络权"等,目的仍然是颠覆、控制、奴役他国,万变不离其宗,万"权"不离其恶。苏联被颠覆,换来的却是俄罗斯对西方世界的强硬抵制。可以说"权制意识"是一个非常低劣、野蛮、原始、不开化的意识形态。中国历史上早已经历过这种战国纷争时期⑤,进化到了更高级的文明阶段。中国今天对外奉行的和平共处基本原则,早已是现代社会一个高级阶段的文明意识形态。

世界几千年历史,强用陆权者,古有蒙古帝国,近有德国,均不过历史一瞬;强用海空网诸权者,今有美国,也才短短几十年,已露败象。历史至今,所有企图控制、挟制世界的权制思想,都有两个绕不开的死穴,一是不尊重其他文明形态,妄图以自己的意识洗脑别人的意识;二是总是想着如何控制他人、剥夺他人。实际归根到底一句话,所有的权制,均在压制"人权"——此处指人类的普遍、均等的发展权,这才是真正的"经世要穴",西方所有的"权制"思想,都走错了路。

2. 权制思想对全球空间格局的影响

"陆权"思想,很大程度上导致了两次世界大战,由于遭到了大陆强国的顽强抵抗,使得"陆权"企图垂败。由此,美国不得不退求"边缘权",这也很大程度上催生了北约、华约两大阵营。"边缘权"思想导致了全球空间格局的分裂与对峙。

"海权"思想及"大西洋统一体"概念相对是成功的,催生了美、英两个地缘大国,两大顶级世界城市纽约、伦敦分属两国,主导了战后世界城市体系和新国际劳动分工的基本格局。中国20世纪80年代后东南沿海的快速发展,也很大程度缘于西方的"海权"思想⑥和新国际劳

动分工体系的影响。

五、新陆权主义与"人类命运共同体"

1. 对陆权价值的新发现

中国民间战略智库安邦公司首席研究员陈功认为,因为世界航线的发展以及海运价格的低廉导致看似"过时"的麦金德陆权论,在今天依旧具有难以想象的价值和意义。他经研究形成了两个重要发现:第一个发现,资本的流动与陆权的重新崛起具有重大关联。资本总是追逐利润的实现,唯有地理空间上的大陆而不是海洋,才能向资本提供这样的可能性(本书注:即只有在陆地上才能产生利润,海运再便宜也只是路途)。所以,资本在今日新陆权理论中扮演着昔日殖民帝国君主的角色和作用,资本迫使世界权力的角斗场,从海洋重新回到了大陆。第二个发现,世界陆路物流技术发生了重大变化,这包括军事物流也包括民用物流。高铁技术在发展,高速公路网络的建设遍及世界,最终将会降低物流成本,大幅度提升运输效率。与此同时,海运却由于世界主要港口的城市化,相比起昔日的时代,极大提升了成本。此消彼长,大海的重要性相比起旧日的世界已经降低了[①]。

2. 新陆权观

北京大学国际关系学院叶自成教授[②]认为,中国的和平发展从地缘政治的角度看,首先是陆权的发展,因此,它从一定意义上说是陆权的回归。但中国的和平发展又不同于过去主要由西方地缘政治学家提出的旧的陆权概念,西方的陆权概念不适用中国和平发展的基本状况和基本目标。中国的和平发展始终以本土建设为根本,对外以合作发展为原则,而不是以陆地空间控制权的争夺为主要目标。因此,中国的和平发展又大大发展了陆权的概念。

叶自成提出了一种新陆权观,其不同于旧陆权观的地方主要有以下三点[③]:

❶由单纯控制观到综合发展观。 旧陆权观是以控制观念和权力观念为主,以军事、战争和控制等内容为主;新陆权观是以发展观念为主,是一种综合性的陆权观,它在强调控制陆路交通要道、陆地资源等的重要性时,并不把它们作为陆权唯一的内容,它不仅强调控制权,更强调发展权,即人类社会、国家在陆地空间的综合生存发展能力。它不仅强调陆地空间军事能力的重要性,而且强调陆地空间非军事能力的重要性,强调政治、经济、文化和自然环境等方面

---

① 张会聪,新"陆权"时代回归,国家实力取决于对空间的争夺,http://www.lwinst.com/hongguan/5376.htm,2017.10.16.
② 北京大学国际关系学院教授、外交系主任、博士生导师,学院学术委员会主任,中国战略研究中心主任。
③ 参考叶自成,中国的和平发展:陆权的回归与发展,世界经济与政治,2007(02),29-30。原文提出五点不同,本书选择其前三点,段首黑体字为本书作者总结。
④ 参考叶自成,中国的和平发展:陆权的回归与发展,世界经济与政治,2007(02),23~31。

在陆地空间的发展，特别是人本身在陆地空间的发展，而且发展并不一定就形成某种控制力，发展本身就是陆权发展的目的。

②由简单陆权观到复合陆权观。旧陆权观是较单一的观念，虽然也有强调海陆可以相辅相成的内容，但更主要强调海陆两种空间的对立性。新的陆权观是一种立体的陆权观，它在强调陆地空间对人类生存和发展第一空间的基础作用时，仅仅从相对意义上强调陆、海、空等空间的不同。新陆权观实际上强调海、空、太空及网络空间等不同空间形态对发展陆权的意义，并不截然把它们分开。尤其是科学技术的发展大大扩展了陆权发展的内涵，比如网络空间同时把不同的空间形态构成一个新的综合性的空间形态。当今任何陆地空间的发展都离不开网络空间的融合，陆权发展是以高科技发展为支持的，陆权形态与过去有很大不同，也大大克服了过去陆权形态的重大缺陷。

③由静态陆权观到动态陆权观。旧陆权观带有某种程度的决定论色彩，而新陆权观在强调陆地空间重要性的同时，并不把它夸张到可以单独起决定作用的程度，对陆权论或边权论中的决定论内容，都以发展和变化的观点来看待。

新陆权观，更准确地说是一种中国的陆权新观念，是根据中国的历史、文化和实践提出来的，因而带有更多的中国色彩和中国特点。反过来，它也试图用中国的历史来检验和验证其内容①。

3. 超越"权争"的发展观、文明观

(1) 所有"权制"，均有反制

所有的"权制"手段，无非是工具。朝鲜在严厉制裁下都搞得出核武器，更不说其他大国。所以说，所有"权制"都有反制手段。仅仅想通过"权制"控制世界的想法太单纯了。

(2) 由低劣、野蛮到高雅、文明

所有的权制，其目的无非是控制世界，而世界是个巨大复杂系统，强如美国，可谓已经"控制世界"了，然而其只知夺、不知予的文化，只知简单民主、不知高级治理的思想，只知武力摧毁、不知文明发展的意识，触发了世界这个巨大复杂系统的复杂反制。控制世界，无非是想获世界之利，却因打乱了世界而损大利；而与世界共同发展，却能培育出大得多的市场，自己获利、人也获利，世界也得以发展、进步，这才是高雅、文明的世界哲学。

(3) 由陆权观到陆本观、人本观

权制形态虽五花八门，但陆权是根本的基础权，没有陆权，其他一切权制能力都无从依附。因为陆地是人类社会发生、发展的根本依托。由此进一步形成"陆本"思想和"人本"思想——即以陆为本、以人为本的思想。"陆本""人本"思想，高于所有的权制思想，一切权制思想，都是舍本逐末的思想。可以说，"陆本观""人本观"，是新时代的发展观，是大视野、新高度的文明观。

4. 新陆权主义，人类命运共同体（共权观）

习近平总书记最早提出"人类命运共同体"的思想：国际社会日益成为一个你中有我、我中有你的"命运共同体"，面对世界经济的复杂形势和全球性问题，任何国家都不可能独善其身。

"命运共同体"是中国政府反复强调的关于人类社会的新理念。2011年《中国的和平发展》白皮书提出:"国际社会应该超越国际关系中陈旧的'零和博弈',超越危险的冷战、热战思维,超越曾把人类一次次拖入对抗和战乱的老路。要以命运共同体的新视角,以同舟共济、合作共赢的新理念,寻求多元文明交流互鉴的新局面,寻求人类共同利益和共同价值的新内涵,寻求各国合作应对多样化挑战和实现包容性发展的新道路。[①]"

2017年10月18日,习近平同志在十九大报告中提出:坚持和平发展道路,推动构建人类命运共同体。

"人类命运共同体"指在追求本国利益时兼顾他国合理关切,在谋求本国发展中促进各国共同发展[②]。人类只有一个地球,各国共处一个世界,要倡导"人类命运共同体"意识[③]。

"人类命运共同体"这一全球价值观包含相互依存的国际权力观、共同利益观、可持续发展观和全球治理观。

"人类命运共同体"是新型陆权观上升到全球层面的概念,可以称为"新陆权主义"(与大"海权"主义相对应)。此处的"陆权"概念,已无征战、对抗之意,是以发展观、文明观为指导的新概念。

5. 新发展观,呼唤新的全球空间系统

西方各类权制思想基于历史、地理、空间格局、产业体系等,发挥了西方思维善于分解、拆解(还原)的特点,构建了较为清晰的逻辑体系与空间格局设想,对世界政治、军事影响深远,一定程度上改变了历史进程。但其本质上是基于斗争和控制的学说,不能适应当今世界共同发展的主流。

中国学者提出的新陆权观、陆本观、人本观、发展观、综合观,以和平发展为根本取向,并考虑了世界经济和技术的新发展趋势,大大超越了传统权制观的思维层次,但是,目前还没有提出与新陆权思想相对应的清晰的全球空间格局,对实践的影响还很有限。

"人类命运共同体"是当今世界最高级的发展观,"一带一路"是为"人类命运共同体"配套的理念性空间概念模型,还很不具体。新发展观,呼唤新的全球空间系统。

---

① 《中国的和平发展》白皮书。中华人民共和国国务院新闻办公室,2011年9月。
② 中共首提"人类命运共同体"倡导和平发展共同发展,新华网,2012年11月11日。
③ 曲星,人类命运共同体的价值观基础,《求是》,2013/04。

第四章 全球空间格局的相关研究

一、总的历史背景

1. 新国际劳动分工

新国际劳动分工是指自20世纪60年代以来,伴随西方发达国家进入后工业社会,以金融服务、商务资讯、技术研发等为主的现代服务业在西方发达国家快速发展,以加工制造为主的大量常规的、低技术含量的生产过程向欠发达国家和地区转移的现象,即现代服务业与常规制造业在全球进行产业分工布局的现象。

"新国际劳动分工与在殖民主义时代建立的旧国际分工不同,它的出现源于跨国公司在全球范围内寻求最佳生产区位,从而导致制造业和服务业的空间分离[1]。"——这种分离是后续全球城市、世界城市、网络城市等一系列概念形成和发展的基础。

传统的国际劳动分工理论基于李嘉图的比较优势理论,强调的是国家间的资源禀赋差异是国际劳动分工和国际贸易的基础,新的国际劳动分工强调的是劳动力在企业区位选择中的作用,是在20世纪50年代由跨国公司的迅速扩张而引起的[2]。

弗罗贝尔(Frobel)在1980年提出了新国际劳动分工的课题,他基于德国纺织与服装业的全球区位演变研究得出,新国际劳动分工是以劳动密集型生产从工业化国家向发展中国家转移,从而在发展中国家出现大量劳动密集型生产部门,建立了世界性的生产联系。他还提出了新国际劳动分工的三个基本前提为:①第三世界国家传统的社会-经济结构的解体释放了大量廉价可获得的劳动力;②工业生产过程的分离,使非技术性的生产环节可以在第三世界国家完成;③低廉快捷的国际交通与通信的发展为生产区位的转移提供了条件[3]。

新国际劳工分工具有明显的空间等级特性。波恩和潘帝特(J.Poon and K.Pandit)指出全球存在着垂直型的三级贸易等级:最低级为单独国家,中间一级由日本、法国及其紧密贸易区组成,最高级的是美国和德国。美国和德国控制着全球贸易,并通过对日本、法国、英国和苏联的影响控制全球[4]。空间层次的高低影响着不同国家在新国际劳动分工中的地位和作用(图4-1)。

"新国际劳动分工"使得资本主义国家的产业体系快速向金融化、虚拟化转化,资本主义进入"金融资本主义"阶段。这是后续全球城市、世界城市、网络城市等一系列概念的总背景。正是由于进入金融化阶段,所以"金融职能"才成为世界城市的根本职能。因为资本以攫取利润为本性,所以世界城市体系就是为资本主义服务的一套高级剥削机器。科创、商务等均为附属职能,均服务于攫取利润这一根本目的。本书开篇讲的三大壁垒——价格壁垒、贸易壁垒、专利壁垒等,就是从属于这套体系的运作机制。

---

[1] 宁越敏:新的国际劳动分工 世界城市和我国中心城市的发展,城市问题 1991(3):4~9。
[2] 赵新正:经济全球化与城市-区域空间结构研究——以上海—长三角为例[D]. 华东师范大学,2011.20.
[3] 参考孟庆民,李国平:新国际劳工分工研究动态,世界地理研究,第9卷2期,2000.6.
[4] 孟庆民,李国平:新国际劳工分工研究动态,世界地理研究,第9卷2期,2000.6.

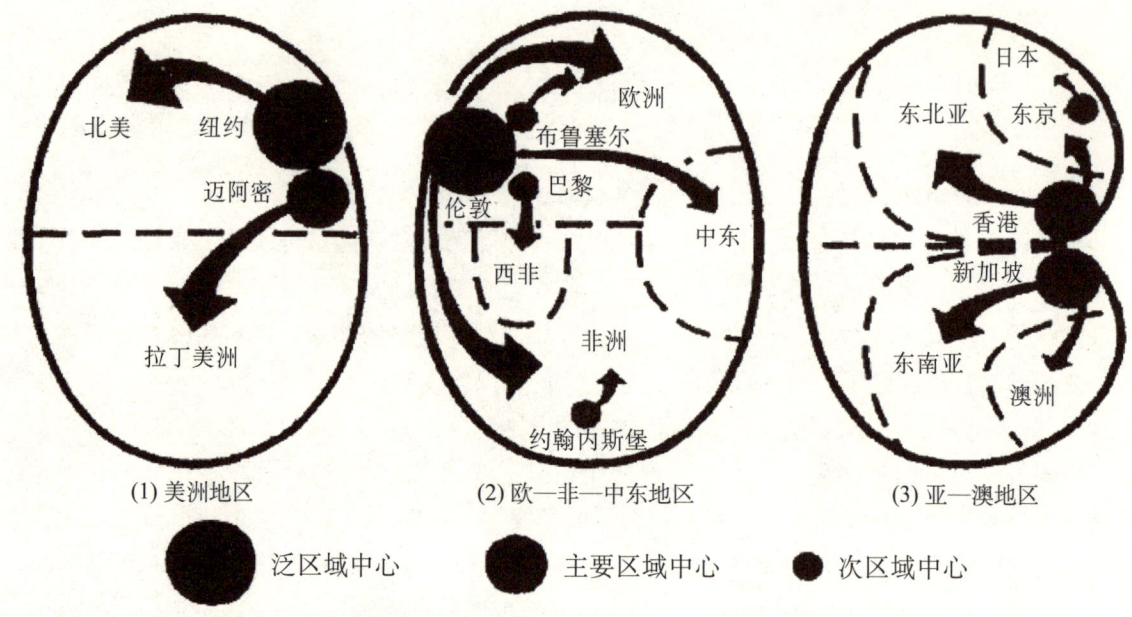

图 4-1 "新国际劳动分工"体系的泛区域化格局（原图名：世界城市网络化的泛区域格局①）

2. 金融资本主义

金融资本主义，也称金融帝国主义，"是金融资本主导社会政治、经济，通过金融系统进行的货币财富积累凌驾于产品生产过程之上的一种经济制度"②。自20世纪70年代以来，伴随着新国际劳动分工的推进，金融资本主义成为全球社会与经济形态的主宰力量。

金融资本主义的最大特征就是经济金融化、虚拟化，进一步趋向泡沫化。"进入金融帝国主义阶段后，垄断资本借助于金融化……攫取了前所未有的高额盈利。但是，这种高额盈利绝大部分是通过金融投机和掠夺实现的，其背后是实体产业部门的相对萎缩和金融泡沫的恶性膨胀。

投机盛行的金融业绝不是经济进步的表现，而是资本主义经济正常运行的严重障碍。纽约大学托马斯·菲利蓬教授认为，'金融交易急剧扩张的结果不是金融资产更为清晰的定价，实体经济部门没有从中获得更好的金融保障，社会其他部门也没有从中受益，它的存在与扩张对于经济进步而言毫无意义。'英国金融服务管理局主席特纳勋爵也表示：'一些金融活动根本没有从复杂难懂的方式中增加价值，相反却造成了金融不稳定，对经济的稳定与增长产生了巨大危害。'

金融垄断资本固有的投机、欺诈、掠夺和寄生性，已经成为否定金融帝国主义历史合理性

---

①资料来源：郑伯红，现代世界城市网络化模式研究，华东师范大学博士论文，2003年（参照 Friedmann J(1995), Where We Stand: A Decade of World City Research. In P. N. Knox, & Taylor(ed). World city in world system, Cambridge: Cambridge University Press, P232, Fig4.6 编制）。
②智库百科，http://wiki.mbalib.com/wiki/
③王生升：金融帝国主义的黯淡前景[J]．红旗文稿，2015.02．
④谢守红，宁越敏：《世界城市研究综述》，地理科学进展，第23卷第5期，2004.9．

的有力依据③。"

既然金融资本主义自身的发展越来越走向极端,那么以"金融"为核心职能、为"金融资本"服务的"世界城市(全球城市)"体系也面临尴尬的前景,这一切都归根于资本贪婪的本性。

二、基于金融资本主义的"世界城市体系"的研究

1. 综述

在新国际劳动分工背景下,现代服务业尤其是金融服务业在特定的城市发生集聚现象,西方学者将这类城市命名为"世界城市",其中顶级世界城市又被称为"全球城市"。这类城市的根本职能是金融控制中心,具有中心性和等级性两大空间特征,形成全球中心—等级体系。

西方学者关于世界城市、全球城市的定义不尽一致或不尽清晰,容易引起混乱。此处统一界定为:"世界城市"是在新国际劳动分工背景下,以现代服务业尤其是金融服务业为主要职能,对全球化的生产进行控制的城市。全球的世界城市根据各自控制级别的高低形成世界城市体系。"全球城市"则是第一层级的"世界城市"。

2. 理论模型

中心—等级—网络散点体系,是指以高级中心城市为核心、以各级节点城市影响范围为腹地形成的全球生产控制体系。简化模型表达如图 4-2 所示。其虽貌似网络,但基本单元仍是一个等级散点体系(图 4-3)。以此为特征的理论研究有"世界城市"和"全球城市"。

3. 世界城市

对世界城市的研究已有数十年之久,但学术界对于世界城市的概念还没有一个被各方面所接受的标准和定义,也没有形成一个权威性的定量指标来界定世界城市④。

在新国际劳动分工背景下,最早对世界城市进行系统研究的学者是英国地理学家、城市与

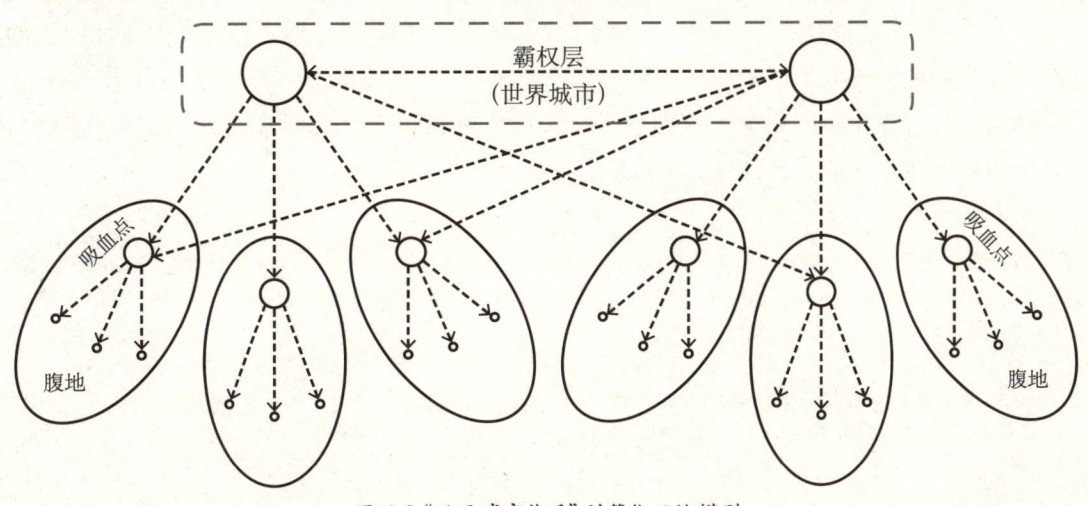

图 4-2 "世界城市体系"的简化网络模型

区域规划大师彼德·霍尔(Peter Hall)博士,他于1966年提出了世界城市的定义:"世界城市指那些对全世界或大多数国家发生全球性经济、政治、文化影响的国际第一流大城市[1]。"具体包括:主要的政治权力中心;国际贸易中心,拥有大的港口、铁路和公路枢纽以及大型国际机场等;主要金融中心;各类专业人才集聚的中心;信息汇集和传播的地方,有发达的出版业、新闻业及无线电和电视网总部;大的人口中心,而且集中了相当比例的富裕阶层人口;娱乐业成为重要的产业部门。据此,霍尔确定了7个世界城市:伦敦、巴黎、莱茵—鲁尔区、荷兰兰斯塔德、莫斯科、纽约及东京[2]。

弗里德曼与沃尔夫(1982)指出:世界城市是全球经济的控制中心。1986年,弗里德曼发表了《世界城市假说》的论文,强调了世界城市的国际功能决定于该城市与世界经济一体化相联系的方式与程度的观点,并提出:世界城市作为全球资本的根据地进行生产与市场的构建;世界城市对全球的控制主要体现在对产业结构和劳动力市场的重塑;世界城市是全球资本主要集中和积累的城市;世界城市是主要的移民目的地;世界城市的形成暴露了产业资本主义的矛盾,尤其是阶级的空间极化(收入的极化)等[3]。

弗里德曼"世界城市假说"理论的实质是关于新的国际劳动分工的空间组织理论,它将城市化过程与世界经济直接联系起来,弗里德曼提出"世界城市"的指标包括:主要的金融中心、跨国公司总部、国际性机构的集中度、商务服务部门的集聚度、重要的制造业中心、主要的交通枢纽、人口规模及人口迁移目的地[4]。弗里德曼还进一步阐述了世界城市的共同特征:在一些特别的部门获得了更快增长,包括公司总部、国际金融、国际交通和高级商务服务等;国际资本集中之地;吸引了大量国际移民;善于创造和扩散新文化和新意识[5]。弗里德曼强调世界城市最重要的特征就是全球的控制功能。

弗里德曼对30个世界城市进行了分级,指出哪些城市是首要的世界城市,哪些是次级的世界城市;哪些世界城市位于世界经济的核心位置,哪些处于相对的边缘位置;哪些是起主导作用的,哪些是次级主导。

世界城市在全球层面形成以下三个分布区域(图4-3,表4-1):

①亚洲区域:集中于东京—新加坡轴,新加坡为东南亚辅助性的区域中心城市。

②美洲区域:以洛杉矶、芝加哥、纽约三个核心城市为基础,把北部的多伦多和南部的墨西哥城、加拉加斯联系起来,由此将加拿大、中美洲和小的加勒比国家带入美国势力范围。

③西欧区域:以伦敦、巴黎和莱茵河谷从兰斯塔德和荷兰到苏黎世的轴线为核心。南半球通过约翰内斯堡和圣保罗连接到这个子系统。

---

[1] 这个定义如果不揭示其所处的新国际劳动分工的历史背景和金融资本主义实质,很容易迷惑。
[2] 引自:苏雪串,西方世界城市理论的演变及其对北京的启示,《中央财经大学学报》,2017年第2期。
[3] 引自百度网页。王晓阳《全球城市研究:走过半个世纪》,牛津大学金融地理学专业博士生。
[4] 谢守红,宁越敏:《世界城市研究综述》,地理科学进展,2004年9月第23卷第5期。
[5] 郑伯红:《现代世界城市网络化模式研究》,华东师范大学博士论文,2003年,第13页。

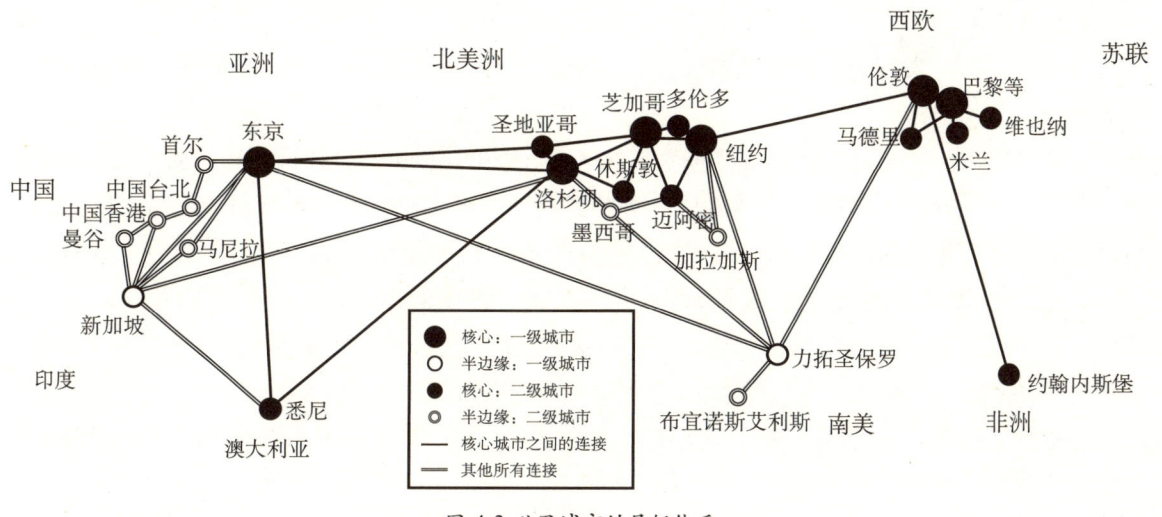

图 4-3 世界城市的层级体系

表 4-1 弗里德曼提出的世界城市的层级体系

Core Countries 核心国		Semi-peripheral Countries 半边缘国	
Primary 一级	Secondary 二级	Primary 一级	Secondary 二级
伦敦 London* I	布鲁塞尔 Brussels* III		
巴黎 Paris* II	米兰 Milan *III		
鹿特丹 Rotterdam*III	维也纳 Vienna* Ill		
法兰克福 Frankfurt *III	马德里 Madrid*III		
苏黎世 Zurich *III			约翰内斯堡 Johannesburg *III
纽约 New York*I	多伦多 Toronto*III	圣保罗 São Paulo*I	布宜诺斯艾利斯 Buenos Aires* I
芝加哥 Chicago*II	迈阿密 Miami *III		里约热内卢 Rio de Janeiro* I
洛杉矶 Los Angeles *I	休斯顿 Houston* III		加拉加斯（委内瑞拉）Caracas* ill
	圣弗兰西斯科 San Francisco*III		墨西哥城 Mexico City* I
东京 Tokyo* I	悉尼 Sydney *III	新加坡 Singapore*III	中国香港 Hong Kong* II
			中国台北 Taipei*III
			马尼拉 Manila* II
			曼谷 Bangkok*II
			首尔 Seoul* II

资料来源：The World City Hypothesis, John Friedmann

4. 全球城市

"全球城市"实际是"世界城市体系"的顶级城市,是对全球经济具有控制力和影响力的世界城市。

"全球城市"一词最早由美国经济学家R·科恩(R.B.Cohen)在1981年发表的《新的国际劳工分工、跨国公司和城市等级体系》一文中提出,科恩运用"跨国指数"和"跨国银行指数"对全球城市进行了分析,将全球城市与经济全球化及跨国公司的扩张联系起来。

美国社会学家丝奇雅·沙森(Saskia Sassen)在1991年出版的《全球城市》(*The Global City*)一书中正式提出"全球城市"概念,并对纽约、伦敦、东京三大全球城市进行了分析研究。她认为:20世纪60年代以来,经济活动组织进入了明显的变革时期,"曾经强大一时的美国、英国工业中心的瓦解,日本近来也发生了同样的情况;第三世界国家工业化的加速,金融业快速的国际化形成了全球交易网络……一种空间分散,但全球一体组织的经济活动①"成为"全球城市"形成的背景。她写到"全球城市"的四个主要作用:① 世界经济组织高度集中的控制点;② 金融机构和专业服务公司的主要集聚地;③ 高新技术产业的生产和研发基地;④ 作为一个产品及其创新活动的市场②。

沙森的"全球城市"概念与弗里德曼的"世界城市"概念相比,更关注高端生产性服务业(Advanced Producer Services),她从城市产业结构和企业区位选择角度对全球城市进行了分析,得出跨国公司总部数量、金融中心、高度专业化的服务和金融产品等要素是衡量一个城市是否为"全球城市"的核心指标,开启了全球城市研究的新方向和新思路。

沙森主要关注纽约、伦敦、东京三大全球顶级城市,对于次一级的"世界城市"及它们之间的关系分析较少,没有形成系统的"全球城市"体系或网络研究。她提出的"全球城市"的核心指标更深刻地反映了"金融资本主义"的本质。

5. 对世界城市体系的评价

(1) 政治经济学评价

世界城市或全球城市的本质,是在金融资本主义阶段,资本对全球生产进行控制、掠夺全球财富的经济工具。

之所以要对它进行政治经济学③评价,是因为金融资本主义的政治经济体系已经阻碍了世界经济的发展和社会进步。因为资本的目的就是攫取剩余价值,金融资本,是以攫取全球利益为目的的高级资本形态,为达目的,它可以不顾及世界的整体发展利益、甚至破坏、阻碍世界的和平与发展。例如,美元与石油的绑定形成的美元霸权、美元汇率涨跌带来的剪羊毛效应、各种贸易壁垒、专利壁垒、价格壁垒等,这些都通过世界城市体系的金融中心职能、国际贸易管

---

① [美] 丝奇雅·沙森:《全球城市:纽约、伦敦、东京》,上海社会科学院出版社,2005年,第1页。
② [美] 丝奇雅·沙森:《全球城市:纽约、伦敦、东京》,上海社会科学院出版社,2005年,第2页。
③ 政治经济学:从生产关系方面研究各个阶级在经济发展过程中的地位和作用的经济学(百度百科)

理职能、专利研发及知识产权保护职能等来实现，这些都是剥削第三世界财富的工具。

金融资本主义的经济思想，与当今中国合作共赢的发展思想相比，属于完全不同的文明类型。与合作共赢相对应的世界经济组织体系，应该不同于金融资本主义的世界城市体系。

(2) 世界城市体系的结构缺陷评价

①中心性——径向衰减性　与世界城市的中心性相伴生的特性就是径向衰减性(图4-4)，这与全球人口分布的连绵性不匹配。

②分离性　目前的世界城市体系呈现全球分离性，体系之间联系不便(图4-5)。尤其不便于大量的人群交流。

③覆盖面低，是早期结构　无论是霍尔博士1966年提出的7座世界城市，还是弗里德曼1995年提出的30座世界城市，从其体系布点与全球人口分布关系看，均呈现出与全球人口分布的不匹配特征(图4-6)，它们对全球人口区域的覆盖相当小。我们只能认为，世界城市体系是全球空间格局发育的一个起步阶段。

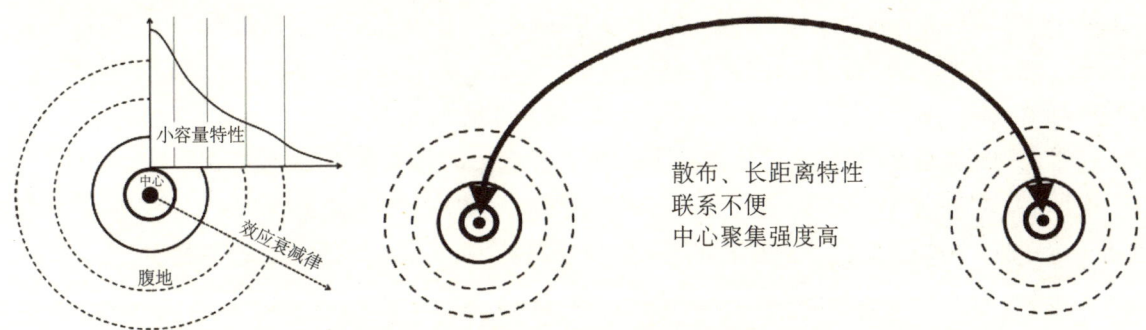

图4-4 中心体系的缺点1：小容量、径向衰减、区域带动力有限、全球均衡性差(左)．
图4-5 中心体系的缺点2：分散、联系不便

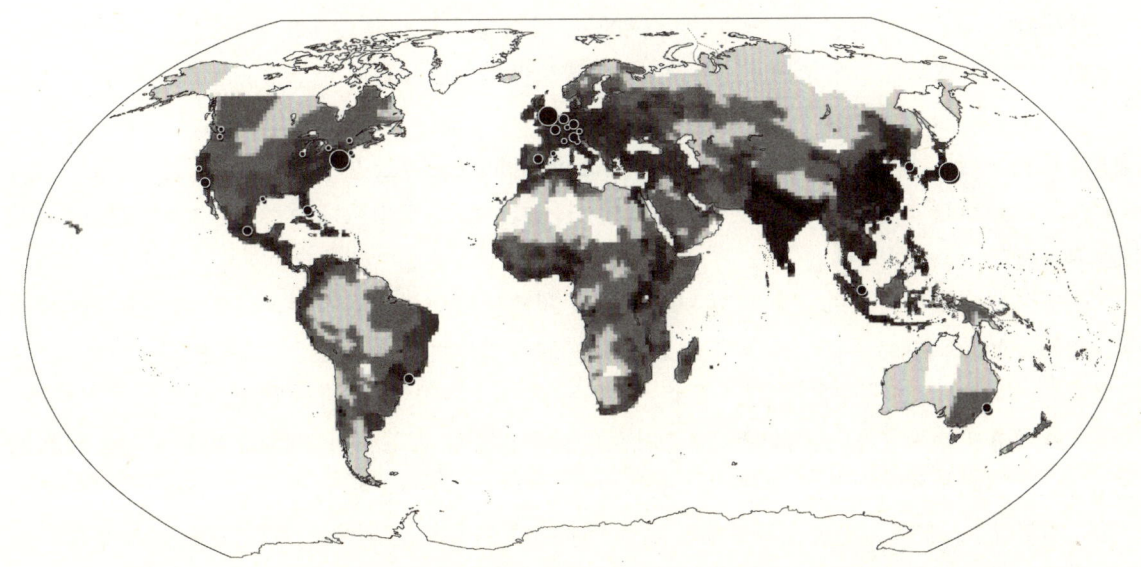

图4-6 弗里德曼1995年的世界城市布点(图中黑点)与全球人口分布的关系——不匹配
[底图来源：世界人口密度图(按行政区)，(2012)，http://naglly.com/archives/2012/12/population-density-world-map.php, http://fc07.deviantart.net/fs71/f/2012/031/3/d/population_density_by_tzapquiel-d4o7mh9.png]

三、基于"网络"范式的研究

1."网络社会"理论与"流空间"

西班牙社会学家曼纽尔·卡斯特于1996年出版了《网络社会的崛起》一书,提出了网络社会理论与流空间(space of flows)理论,形成较大影响,对规划界也影响颇深。本书需用较多笔墨对其进行述评,以客观地认识其贡献,也认清其问题和局限性,避免对本书所说的全球空间系统概念产生认识扭曲和抵触。

卡斯特造了很多新词,其中关键的两个词:一个是"网络社会"的"网络",书中实际主要是指"生产的(全球化)分工",使用"网络"一词,似乎有所偏差,也有很大的隐蔽性(隐蔽了新国际劳动分工问题),因为"网络"应该是一个无差别、无歧视的服务平台,而"生产的全球化分工"却有着很强的等级性(高低工种分级)与指向性(即有意识地选择低成本的空间区域),实际是一种"拆解"而不大像"网络";另一个是"流动空间",该词非常晦涩难懂,卡斯特自己都没解释清楚,读者们不得不展开丰富的想象,想象这世界的结构已经如何如何达到"流"级别了,于是对实体意义的全球空间结构不屑一顾,那么又该如何理解"一带一路"呢?

实际上,早在1991年,美国社会学家丝奇雅·沙森在《全球城市》一书中已经提到了网络概念,沙森的"网络"概念是企业之间的多向相互联系,比卡斯特的概念好理解得多。

卡氏著作三大卷,第一卷《网络社会的崛起》440余页,本书需要抓住其三个核心概念:"网络""网络社会的空间"和"流空间"。

(1) 卡斯特所说的"网络""网络社会""社会"

网络社会的"网络"概念,卡斯特定义是:"网络是一组相互连接的节点①。节点是曲线与已身相交之处(本书注:很费解)②。"卡斯特进一步举例解释什么是节点:"在全球金融流动网络中,节点是股票交换市场及其辅助性的先进服务中心。在统治欧盟的政治网络中,节点是国家部长会议与欧洲委员会。……对位于信息时代文化表现与公共意见之根源的新媒体全球网络中,节点是电视系统、娱乐工作室、电脑绘图环境、新工作团队以及产生、传送与接收信号的移动设备③。"

该书对"网络社会"的定义:"信息时代的支配性功能与过程日益以网络组织起来。网络建构了我们社会的新社会形态,而网络化逻辑的扩散实质性地改变了生产、经验(本书注:疑为经营)、权力与文化过程中的操作和结果。虽然社会组织的网络形式已经存在于其他时空中④,新信息技术范式却为其渗透扩散遍及整个社会结构提供了物质基础⑤。此外,我认为这个网络化逻辑会导致较高层级的社会决定作用甚至经由网络表现出来的特殊社会利益;流动的权利优先于权力的流动⑥。在网络中现身或缺席,以及每个网络相对于其他网络的动态关系,都是我们社会中支配与变迁的关键根源,因此我们可以称这个社会为网络社会(the network society),其特征在于社会形态胜于社会行动的优越性⑦。"

社会一词(society)的英文意思,有"n. 社会、社团、上流社会、社群,adj. 上流社会的,社交界的"等含义。因此，"网络社会"(the network society)一词的准确含义可能是"网络社群"、"网络贵族（上流社会）"的意思，与整个社会或许不是一回事。因为其"流空间"就表达了是对网络社会有控制决策能力的人的空间。

由于卡斯特原著的概念体系不很规范，故本书根据对卡斯特原文的理解，用通俗易懂的汉语习惯对关键概念"网络"进行针对性"翻译"——"网络"的简化表述为：网络就是（全球化）大分工的生产方式所形成的跨地域连接关系。详细表述为：把一件工作或有着共同交叉环节的若干工作（如手机的不同配置），切割成若干工艺片段，在世界各地不同地点分别完成单个片段、再按照相同或不同的规格要求进行组合的生产、销售、服务方式。由于工艺被切割在不同地点分别完成，所以空间变得碎片化、离散化，工序不再必须是顺序衔接了，传统概念对时间的理解也变了，时间也不是单向流动的了，也具有了碎片、可组合特征。在这种方式下，社会也变成了网络社会。

为了印证上述表述，以下摘取卡斯特原文若干片段（括号内数字为原文页码）来说明，也有助于读者对其"网络"概念的理解[⑧]：

"资本主义本身已经历了深刻的再结构过程，其特性是管理上有更大的弹性；公司内部以及与其他公司的关系均分散化与网络化。(1)"

"全世界有价值的经济区段(segments)整编为一个相互依赖的系统，如同一个单位以即时(real time)运作。(2)"

"新的传播系统日趋使用全球的数码语言，既将我们文化的言词、声音与意象之生产与分配在全球层次整合，又按个人的心情和身份品味量身定制。(2)"

"信息技术革命至少和18世纪的工业革命一样，是个重大历史事件，导致了经济、社会与文化等物质基础的不连续模式。"(26)

"信息技术包括微电子、电脑（硬件和软件）、电信、广播以及光电(opto-electionics)等集合而成的整套技术。(26)"这是网络社会的技术基础。

"有一种新经济在20世纪最后25年里，在全球尺度浮现。我们称之为信息化(informational)，全球(global)与网络化(networked)的经济——之所以成为全球的，乃是因为生产、消费与流通等核心活动，以及它们的组成元素（资本、劳动、原料、管理、信息、技术、市场）是在全球

---

① 这个定义很抽象，缺乏与书中内容（即全球劳动分工等）相匹配的解释，所以会令人产生无边的想象、猜测。
② [美] 曼纽尔·卡斯特(Manual Castells)著，夏铸九、王志弘等译，《信息时代三部曲：经济、社会与文化，第一卷，网络社会的崛起(The Rise of the Network Society)》，社会科学文献出版社，2006.9.
③ 把机器设备与社群机构并列，概念较混乱。这或许是社会学家不太关注概念的等位性的原因。
④ 本书注："其他时空"即非网络环境，也就是在网络技术之前，就已经有网络社会形式了。
⑤ 原著的矛盾论述："全球经济并非遍布整个星球的经济，虽然其势力范围扩及全球。换言之，全球经济并未涵括整个地球上的所有经济过程，它并未包含所有领域，在运作上也没有涵盖全部人口……它的实际运作和结构牵涉的只有经济部门、国家、以及区域的部分区段(segments)"（《网络社会的崛起》p119）。原著在概念、论述的规范性、逻辑的自洽性方面令人怀疑。
⑥ 本书注：此句很难理解。Flow的意思除了流动，还有连贯的意思，因此，此句或许可理解为：跨国资本的控制权力大于不同地方的政府权力之间的连接。
⑦ 意即：上网优越。
⑧ [美] 曼纽尔·卡斯特(Manual Castells)著，夏铸九、王志弘等译，《信息时代三部曲：经济、社会与文化，第一卷，网络社会的崛起》(The Rise of the Network Society)，社会科学文献出版社，2006.9.

尺度上组织起来，并且若非直接进行就是通过经济作用者之间连接的网络来达成，至于此种经济是网络化的，则是因为在新的历史条件下，生产力的增进与竞争的持续，都是在企业网络之间互动的全球网络中进行。"(71)

"1990年代全球生产演变的重要趋势是生产过程的组织转变，包括多国公司本身的变化。商品与服务的全球生产，渐渐地不再是由多国公司执行，而是由跨国的生产网络完成。

……

"除了多国公司外，许多国家和地区的中小企业（美国硅谷、中国香港、中国台湾地区和意大利北部都是最具代表性的例子）已经建立合作的网络，从而让自己在全球化生产系统里具有竞争力。

……

"大部分生产部门（包括商品和服务）的支配部分，都依其实际的运作程式在全世界组织起来，形成罗伯特·赖克(Robert Reich)所谓的'全球网'(global web)。生产过程包括不同地点的不同公司制造的各项组件，再依特定目的和市场需求来装配，使用新的生产和商业化形式：高产量、弹性与定制的生产。"(111-112)

从上述段落看，所谓网络社会，就是全球化生产大分工的社会，实际上是个碎片化社会。

本书认为，"网络"首先是一种技术，其主要性质是交流工具，与电报、电话、汽车、火车等性质一样，只不过现代网络速度更快、效率更高。

网络社会，按今天的理解应是基于网络通信技术的社会，它提高了通信效率、增加了通信覆盖面、提高了通信品质[①]、影响了社会生活与生产方式、影响了产品更新换代，等等。而卡斯特书中的主要内容却把这个词用偏了、窄了——产业分工＝网络＝网络社会，概念的转换比较勉强。"生产分工"就是"生产分工"，有公认的标准用词及概念，"新国际劳动分工"就表示得很准确[②]。其实早在1991年，沙森在《全球城市》一书中即提出金融商务部门的"网络特征"、"跨国界网络"等概念，较好理解。今天的美国力推制造业回归、反对全球化，就是对卡斯特"网络社会崛起"概念的一种不同主张。

(2) 网络社会的"空间形式"

卡斯特毕竟是一位社会学家，他对空间的理解与规划师很不一样，甚至由于其前后不同的表述很容易使人糊涂，如网络、节点、流空间等。但他还是不得不承认"物质空间"的形式，只不过以"信息化"的概念做了独特视角的解释。

卡斯特说："信息时代正在展现一种新的城市形式，即信息城市"。信息城市是信息经济的集聚地。卡斯特分析了世界城市形成的力量基础，构造了所谓"发展的信息模式(Information mode of development)"，并认为所谓的世界城市就是他所说的信息城市[③]。他指出，在信息时代，信息流空间正逐渐取代城市空间。信息流空间具有一个特殊的结构，即网络。由于信息没有空

---

① 可能产生一些就业形式的变化，如在家工作，但卡斯特的书中也说了这种影响并不突出，不可能使城市消亡。
② 西方在20世纪80年代已有大量新国际劳动分工的研究。
③ 邓静，孟庆民. 新城市发展理论述评[J]. 城市发展研究，2001 (1).

间特征，信息技术也使得地理摩擦几乎为零，因此，世界经济会由地方空间转向流的空间（译为"网络空间"好理解——本书）。

以下摘取卡斯特第六章"流动空间"第三节"电子别墅里的日常生活：城市的终结？"和第四节"都市形式的转化：信息化城市"两节的原文若干片段，以助于读者对其"空间形式"概念的理解：

"电子通信与信息系统的发展容许日常生活功能的运作，诸如工作、购物、娱乐、保健、教育、公共服务、政府事务，等等，逐渐与空间临近性失去关联。据此，未来学家经常预测，一旦城市（至少是我们迄今所知道的城市）的功能必要性消失后，城市便会衰亡。"(368-369)

"从各种不同的观察浮现出来的都是通过信息技术而同时分散和集中的类似画面。如1993年欧洲生活条件改善基金会的调查显示，人们越来越常在家里工作和处理各种服务。因此'以家庭为中心'（home centeredness）是新社会的一个重要趋势。" 网络社会会不会导致城市消失？

这是一个必须回答的问题。卡斯特关于这一点的回答很到位，他写道："但是，这并非意味着城市的结束。因为工作场所、学校、医疗复合体、消费者服务窗口、娱乐区、商业街、购物中心、运动场以及公园，依然且将继续存在，而人类将利用逐渐增加的移动能力在这一切地方之间来回往返，而这正要归因于新近获得的工作安排松弛与社会网络化：时间越来越有弹性，地方也越来越独特，人群则以越来越流动的模式徘徊其间。"(372) 这段表明卡斯特很清楚：由于人们对公共服务及交往的需求，城市不会消失。本书认为他描述了一个可以切割成许多碎片再组合的城市模型，这个城市会越来越大，具有碎片化、网络化特征，其实传统城市何尝不是如此？

"新全球经济与浮现中的信息社会确实具有一种新空间形式，在各式各样的社会与地理脉络中发展，这个空间形式就是巨型城市。"(377)——实际为城市群（本书注）。

"巨型城市不能只以其规模来看待，而要考察它们相对于世界主要区域的重力函数。因此香港不仅是600万人口，而广州也不仅是650万人口：浮现出来的是一个4000万~5000万人口的巨型城市。结合了香港、深圳、广州、珠海、澳门以及珠江三角洲的小城镇。"(378)"它即将成为21世纪卓越的工业、商业与文化中心：香港-深圳-广东-珠江三角洲-澳门-珠海都会区域体系。"(378)(图4-7)

(3) 什么是"流动空间"

"流动空间""流空间"是最容易迷糊人的概念，卡斯特对"空间"一词的使用很不严谨，在同一章节中，"空间"一会是虚拟概念（如"技术流"到底是个什么空间）、一会是半虚拟概念（如信息交换节点）、一会又是实体概念（如一个诊所），着实令人费解。我们还是摘取其原文来解读：

首先看看什么是流动："我们的社会是环绕着流动而建构起来的：资本流动、信息流动、技术流动、组织性互动的流动、影像、声音和象征的流动。"(383) 可以看出，所谓流动，应该用"联系"一词替换，我们的社会是建立在普遍联系基础上的，这是所有人都能接受的语言。

流动空间包含以下三个层次。

① 信息技术支撑体系　"第一个层次，流动空间的第一个物质支持，其实是由电子交换的回路所构成[以微电子为基础的设计、电子通信、电脑处理、广播系统以及高速运输（也是奠基于信息技术）]。"(384) 这一段讲的是技术支撑体系。

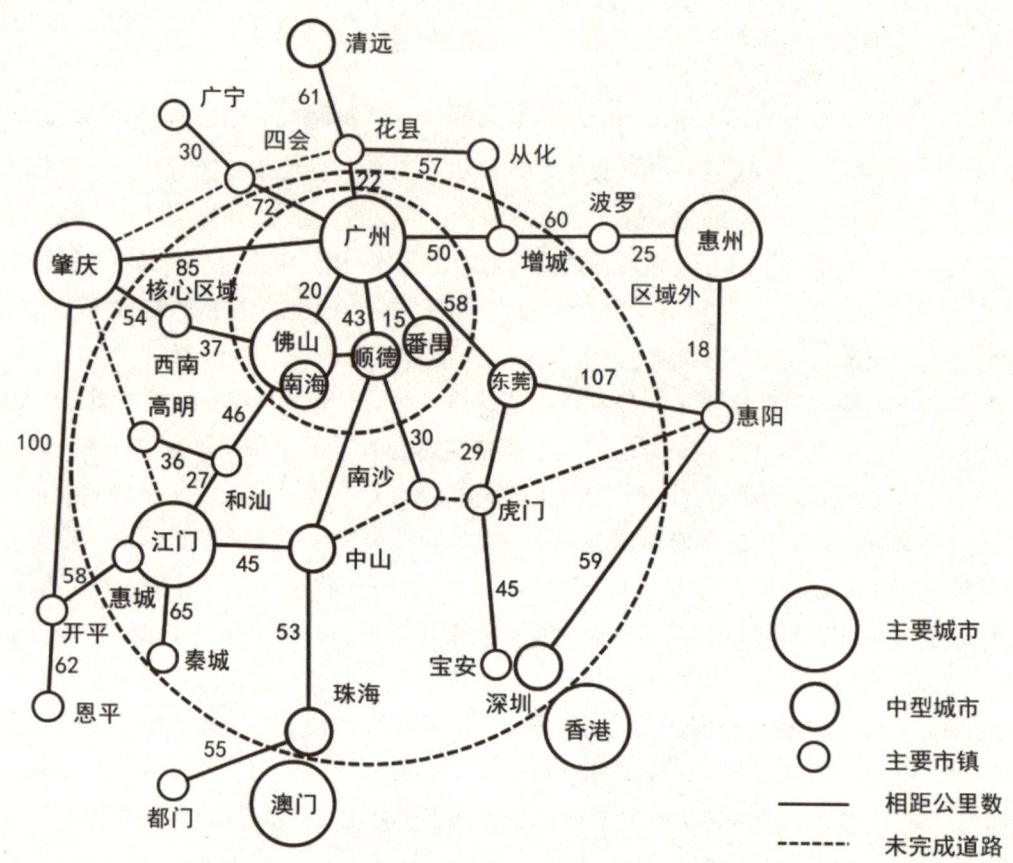

图 4-7 卡斯特原著图：珠江三角洲都市区域的主要节点与扣连图示（资料来源：Woo, 1994）

② 节点 "第二个层次由节点（node）与核心（hub）构成。流动空间并非没有地方，虽然其结构性逻辑确实没有地方（本书注：这是个虚拟空间）。流动空间奠基于电子网络，但这个网络连接了特定的地方，后者具有完整界定的社会、文化、实质环境与功能特性。有些地方是交换者、通信中心，扮演了协调的角色，使整合进入网络的一切元素顺利地互动。其他地方则是网络的节点，亦即具有策略性重要功能的区位，围绕着网络中的一项关键功能建立起一系列以地域性（locality）为基础的活动和组织。"(384)

至于什么是节点，卡斯特举例说：马耀诊所（Mayo Clinic）与癌症治疗中心的结合，"形成了知识生产与先进医疗的复合体……它们吸引了世界各地的研究人员、医生和患者；它们成为世界医疗网络里的节点"。(385)这里的"节点"又是个实体概念，这些实体空间是无论如何无法"流动"的，它只能承载各种活动或作为流的起止地，"流"在此地不具备流动状态，不能再叫流空间。

相比而言，沙森在《全球城市》中使用了"节点城市"一词，就好理解得多。

学术的发展与繁荣，首先要从基本概念的准确、规范做起。

③精英的空间 "第三个层次是占支配地位的管理精英（而非阶级）的空间组织"。(386)这到底是个什么空间很难理解，卡斯特解释得非常混乱，其关于精英空间的理解非常狭隘、不专业，如会员制餐厅、乡间高尔夫、国际酒店、隔离社区等等。用城市规划的术语讲，实际就是某类

服务业功能从业者的配套居住、商务、休闲娱乐设施体系，可能还有点人际网络关系的含义。用当今流行的俗语讲，就是各类"圈子"+"贵族社区"+"高档文化娱乐场所"等。在此摘引其文片段如下：

"精英是寰宇主义的 (cosmopolitan)，而人民是地域性的 (local)。……（我）认为这种流动空间是由个人微观网络所组成，将他们的利益投射在流动空间之全球互动的功能性网络里。在金融网络里……主要的策略性决策是在会员制餐厅里的商业午餐上决定的，或是像美好的旧时光一样，在乡村小屋度周末打高尔夫球时决定。但是这些决定还是要在电子通信联通的电脑上以立即的决策过程执行。……因此流动空间的节点包括了居住与休闲导向的空间，配合了总部与其辅助设施的区位，倾向于在谨慎隔离的空间里聚集支配性的功能，而且便于接近艺术、文化和娱乐的都会复合体。隔离的情形包括了位居不同地方的区位，以及某些只开放给精英的空间之安全控制。从权力的顶峰与其文化中心起始，组织了一系列的象征性社会—空间层级，而在一个层级性隔离的转移过程中，低层的管理者可以构成次级的空间社区，也将他们与社会其他人隔绝开来，以便模仿权利的象征并且挪用这些象征。而这一切共同造成了社会—空间的片段化，在极限处，当社会紧张加剧而城市衰败之际，精英便躲在有'警卫的社区'内避难……沿着流动空间的连接线横跨全世界而建构起一个（相对）隔绝的空间，从房间设计到毛巾的颜色，全世界国际旅馆的装饰都很类似，以便创造一种内部世界的熟悉感，让人容易抽身离开周边的世界……经常使用温泉健身设施（即便是旅行时也使用）和慢跑；烤桂鱼和蔬菜沙拉的强迫节食餐……无所不在的膝上型电脑以及互联网连线；正式服装和运动休闲服的结合……这一切都是一种国际文化的象征，而其认同并未连接于任何特定社会，而是与横跨全球文化光谱的信息经济里中高管理阶层的成员资格有关。"(387-388)

2. 对卡斯特网络理论体系的评价

(1) 新国际劳动分工的本质

本章开篇即讲述"新国际劳动分工"及"金融资本主义"。卡斯特的"网络社会"实际是新国际劳动分工的产物，发达国家留下服务业、欠发达国家承接制造业，形成碎片化的分工生产方式，卡斯特将其描述为"网络社会"，有其可取之处，但事实的本质就是全球大分工，从20世纪60年代就开始了，并不是多么新鲜的概念。很多人被其时髦的词汇迷惑了，以为又出现了一种高级社会。有观点说："现在已经是网络社会了，已经是流空间时代了"，这种观点非常影响对"一带一路"空间体系的理解和研究推导，所以必须在此说清楚。

很多人因其技术性自造词汇的概念转换，忽视了事实后面"资本"的残酷本质。资本家是为了寻取最高利润才推行全球化的，并不是"为网络化而网络化"。从产业体系及社会体系本身的合理性来说，集群产生效率和综合效益，人为拆散到全球实际是增加成本的，社会也是不健康不可持续的（如美国实体经济的空心化），之所以还要这么做，是因为资本家恶意夸张、扭曲了不同工艺环节的价格差，强行推行所谓"微笑曲线"（图4-8），资本家这样做是为了利润！而卡斯特却给它穿了一件漂亮的外衣，当然受到资本世界的推崇。所以，与网络化相对冲的概念，是集群化。如今中国成为世界制造业强国、拥有全体系生产链、研发链，就是一个有力的证据——

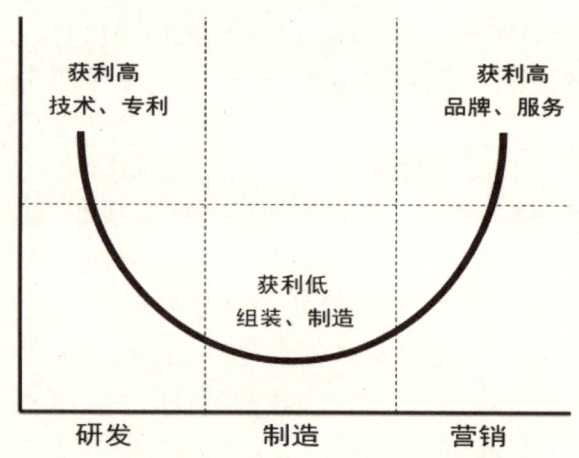

图 4-8 微笑曲线——一种人为扭曲的劳动价格体系

卡斯特碎片化的产业网络，不敌产业集群。

"网络社会"推行到极致，就如美国社会的今天，实体经济严重空心化，金融产业恶性膨胀，造成了严重的社会问题，这就是过分强调"网络"（全球分工），而忽视地方空间（本地空间）经济整合的恶果。

当然，本书不否认网络是一种新技术，会带来技术革命、社会变化、物质空间变化等。而卡斯特只是用一个新词，表达了一个旧概念。

实际上，早在1988年，丝奇雅·沙森就揭露了这种全球分工的政治经济学本质，即资本寻求高额利润的本质："一方面，高度发达国家的旧工业中心拥有强大的有组织的劳动力（本书注：工会），生产一直基于这种资本——劳动力关系进行组织（通常称为福特主义），拆除这些旧工业中心（本书注：指全球分工，制造业外移）就等于废除这种劳资关系。另一方面，高新技术产业的生产分散化，是由于引入的新技术要求把低薪、日常事务性工作与高技能工作相分离以达到区位选择最优化的结果。但是两者都需要一个资本—劳动关系的组织。这种组织其实倾向于使低薪劳动力的效用最大化，同时使劳动控制资本的作用最小化。因此，'分散'这一词，虽然有地理方面的含义，显然还包含了生产中一个复杂的政治、技术重组过程。①"

(2) 还原论的思维及研究范式

"流"是一个联系、交流、传输行为或关系②，是经济社会运行千万个要素中的一类要素，它并不能代表物质世界本身。西方学者这种切割、拆解式的研究，容易抓住一点、不及其余，有很大局限性。仅仅用"流"来认识世界，并不全面。

在汉语习惯中，我们通常用"实施一个建设计划""一个项目开工"来表达一个建设活动，其中包含了来自不同地方千千万万个"流"（技术流、资金流、信息流、人流等），所有这些有明确指向的"流"，共同构成一个有意义的活动。西方学者使用"还原论"、拆解式的思维方法，单单把"流"拆出来，丢失了许多"活体属性"，变得非常费解。而且，即便要表达"流"这种多来源的网络特性，也大可不必那么绕弯子。

网络关系确实存在，但网络只是空间结构的一方面，它并不能否定其他结构，尤其不能否定物理空间的结构（如连续的轴带结构、城市群结构等）——彼此相邻的地区没有理由不相互连通，非得绕开彼此去跟远方地区建立网络关系。

卡斯特"还原论"的另一种表现，是不少专家学者认为"卡氏网络"是当今最高级的空间结构，

---

① [美] 丝奇雅·沙森：《全球城市：纽约、伦敦、东京》，上海社会科学院出版社，2005年，第19-20页。
② flow 的意思有：流动、滔滔不绝、涨潮、连贯。
③ 虚、实空间不知所指，把人说迷糊了，就显得高级了。
④ 详见第三章，西方权制思想演变、新陆权主义及人类命运共同体。
⑤ http://www.lboro.ac.uk/gawc/visual/globalcities2010.html

这比较片面、简单化和转换概念③，就好比单纯强调海权、陆权谁重要一样是简单思维。

(3) 关于"网络结构"

网络技术既可以构造连续的空间结构，也可以构造离散的空间结构，它不仅可以服务于资本主义的"新国际劳动分工体系"（离散结构），也会服务于中国的"一带一路"（不否认离散结构，但是有明确的轴带概念、新陆权意识④），而这两套结构体系是有本质不同的。如果没有"微笑曲线"做前提，资本家还会不会热衷于"全球分工"，就是个问号。

所以，大可不必把"卡氏网络"想象得多么特别，它只是一个交流或运输方式、只是西方还原论思维对真实世界的一个拆解概念，剥除了许多关联信息，甚至有为"资本"唱颂歌的嫌疑，它加大了理解真实世界的距离和难度。

(4) 关于"流空间"

卡斯特关于空间的概念非常混乱，造词很不严谨，集中体现在"流空间(space of flows)"这个词上。

"流"（联系），本身是没有实体空间概念的，如果硬说有空间，那只能是通信线缆、线路板、运输道路，甚至通信都不需要线路空间，无线电即可；人流、货流的空间是飞机机舱还是货仓？是公路还是天空航路？资金流甚至根本不需要实际发生资金随押钞车流动。

如果流空间是指各种流汇聚的节点，那就直接用通行概念的城市、企业、中心、园区等解释较好理解。

如果流是指一群精英及他们生活、工作、消遣的空间，那么就是把广大公众排除在外。一个只是少数人参与的空间，能称为"网络社会的崛起"吗？不能。

"流空间"这个词的造出，既让人看不懂，又没有提出有价值的概念。

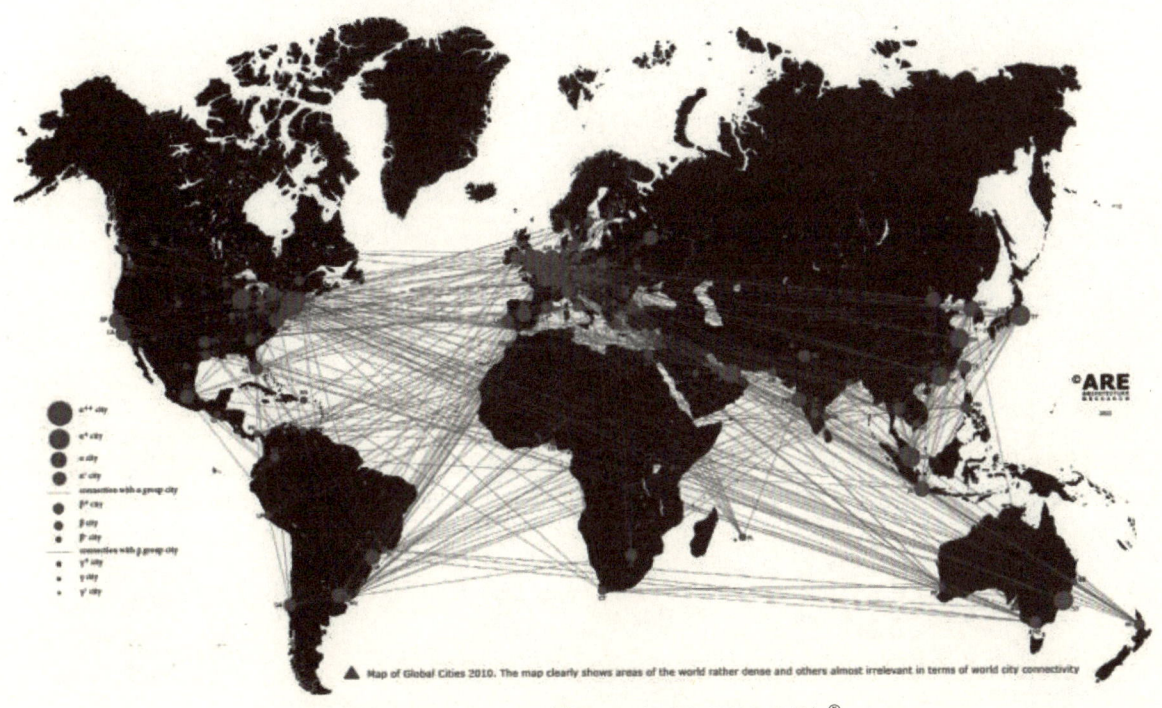

图 4-9 GaWC: 世界城市网络关联图(2010年版)⑤

Alpha ++	London
	New York
Alpha +	Singapore
	Hong Kong
	Paris
	Beijing
	Tokyo
	Dubai
	Shanghai
Alpha	Sydney
	Sao Paulo
	Milan
	Chicago
	Mexico City
	Mumbai
	Moscow
	Frankfurt
	Madrid
	Warsaw
	Johannesburg
	Toronto
	Seoul
	Istanbul
	Kuala Lumpur
	Jakarta
	Amsterdam
	Brussels
	Los Angeles
Alpha -	Dublin
	Melbourne
	Washington
	New Delhi
	Bangkok
	Zurich
	Vienna
	Taipei
	Buenos Aires
	Stockholm
	San Francisco
	Guangzhou
	Manila
	Bogota
	Miami
	Luxembourg
	Riyadh
	Santiago
	Barcelona
	Tel Aviv
	Lisbon
Beta +	Prague
	Ho Chi Minh City
	Boston
	Copenhagen
	Düsseldorf
	Athens
	Munich
	Atlanta
	Bucharest
	Helsinki
	Budapest
	Kiev
	Hamburg
	Bangalore
	Rome
	Oslo
	Dallas
	Cairo
	Houston
	Lima
	Lagos
	Caracas
	Auckland
	Cape Town
Beta	Doha
	Karachi
	Nicosia
	Geneva
	Montevideo
	Berlin
	Montreal
	Abu Dhabi
	Casablanca
	Philadelphia
	Vancouver
	Shenzhen
	Sofia
	Perth
	Hanoi
	Beirut
	Brisbane
	Bratislava
	Manama
Beta -	Port Louis
	Minneapolis
	Chennai
	Stuttgart
	Santo Domingo
	Rio De Janeiro
	Kuwait City
	Chengdu
	Panama City
	Denver
	Lahore
	Jeddah
	Tunis
	Quito
	Belgrade
	Seattle
	Manchester
	Guatemala City
	Lyon
	San Jose
	Tianjin
	Calgary
	Amman
	San Juan
	San Salvador
	Antwerp
	Zagreb
	Calcutta
	Tallinn
	St Louis
	Monterrey
	Hyderabad
	Edinburgh
	San Diego
	Cologne
	Rotterdam
	Dhaka
	Islamabad
Gamma +	Guayaquil
	Cleveland
	Riga
	Baku
	Adelaide
	Vilnius
	Birmingham (UK)
	Glasgow
	Nanjing
	Hangzhou
	Colombo
	Porto
	Qingdao
	Valencia (Sp.)
	Detroit
	Muscat
	Osaka
	Ljubljana
	Kampala
	Georgetown (Cayman)
	Managua
	Durban
	San Jose (Ca)
	St Petersburg
Gamma	Phoenix
	Tegucigalpa
	Austin
	Pune
	Guadalajara
	Dalian
	Tbilisi
	Dar Es Salaam
	Chongqing
	Ankara
	Lusaka
	Ahmedabad
	Cincinnatti
	Asuncion
	Harare
	Gothenburg
	Xiamen
	Al-Mawşil
	Kansas City
	Accra
	Minsk
	Tampa
	Turin
	Luanda
	Abidjan
	Tirana
	Lausanne
	Leeds
Gamma -	Taichung
	Charlotte (North Carolina)
	Baltimore
	Raleigh (North Carolina)
	Belfast
	Leipzig
	Medellin
	Wuhan
	Douala
	Maputo
	Skopje
	Gaborone
	Bristol
	Orlando
	Dakar
	Suzhou
	Malmö
	Edmonton
	Changsha
	Strasbourg
	Bilbao
	Bologna
	Columbus (Ohio)
	Wellington
	Nürnberg
	Yangon
	Xi'an
	Wroclaw
	Marseille
	Dresden
	Shenyang
	Pittsburgh (Pennsylvania)
High sufficiency	Queretaro
	Abuja
	Porto Alegre
	Hartford (Connecticut)
	Milwaukee
	Curitiba
	Jinan
	Cali
	Liverpool
	Krakow
	Tijuana
	Pretoria
	Puebla
	Portland
	La Paz
	Utrecht
	Sacramento
	Dammam
	Jacksonville
	Limassol
	Johor Bahru
	Lille
	Indianapolis
	San Antonio
	Salt Lake City
	Newcastle
	Tashkent
	Yerevan
	Arhus
	Windhoek
	Phnom Penh
	Natal
	Poznan
	Southampton
	Kaohsiung
Sufficiency	Belo Horizonte
	Christchurch
	Florence
	Richmond (Virginia)
	Port of Spain
	Seville
	Ottawa
	Kunming
	Chisinau
	Bordeaux
	Hamilton
	Málaga
	Nairobi
	Katowice
	The Hague
	Ciudad Juarez
	Kingston
	Fuzhou
	Izmir
	Ulan Bator
	Penang
	Hannover
	Tulsa
	Canberra
	Kabul
	Surabaya
	Allahābād
	Grenoble
	Sarajevo
	Jerusalem
	Genoa
	Palo Alto
	Kigali
	Brasilia
	San Pedro Sula
	Labuan
	Nāgpur
	Macao
	Las Vegas
	Reykjavik
	Aguascalientes
	Libreville
	Harrisburg
	Port Elizabeth
	Taiyuan
	Aberdeen
	Recife
	Campinas
	Basel
	Memphis (Tenessee)
	Merida
	Birmingham (Alabama - US)
	Cebu
	Bremen
	Leon
	Changchun
	Toulouse
	Santa Cruz
	Oklahoma City
	Bishkek
	Bursa
	Hefei
	Linz
	New Orleans
	Louisville
	Cordoba
	Liege
	Omaha (Nebraska)
	Dortmund
	Blantyre
	Cardiff
	Ningbo
	Haifa
	Mexicali
	Podgorica
	Graz
	Montpellier
	Des Moines
	Quebec
	Nāshik
	Halifax
	Mannheim
	Zhengzhou
	Nanning
	Nassau
	Chihuahua
	Nice
	Rosario
	Antananarivo
	Valparaiso
	Harbin
	Bern
	Nagoya
	Bergen
	Lodz
	Madison (Wisconsin)
	Valencia (Ve.)
	Tripoli
	Providence (Rhode Island)
	Urumqi
	Winnipeg
	Cochin
	Leicester
	Sanaa
	Fukuoka
	Honolulu
	Kinshasa
	Lomé
	Salvador
	Goiania
	Alīgarh
	Almaty

图 4-10 GaWC：世界城市网络关联度分级(2016 年版)①

3. 中心流理论、世界城市网络理论与"勾可(GaWC)测度"

在卡斯特"流空间"和网络社会理论的基础上,英国地理学者彼得·泰勒(Peter Taylor)提出了中心流理论(central flow theory)及世界城市网络理论。中心流理论认为人流、物流、资金流、技术流、信息流等所形成的流空间导致了城市网络的形成。在全球化背景下,中心流理论应取代基于地方中心性的中心地理论。世界城市网络理论认为世界城市网络有三个层次即网络层次(城市网络)、节点层次(城市)和次节点层次(企业)。世界城市网络正是通过分布在全球各地的高级生产性服务企业的日常活动形成的"流"产生的,因此可以通过研究企业可能的选址策略来测度和分析世界城市网络[②]。

以彼得·泰勒为首的"勾可团队"(GaWC)基于连锁网络模型(Interlocking Network Model)对世界城市网络联系进行了测度。测评方法是对从事跨国性生产服务业(包括会计、广告、法律、管理顾问、金融服务行业5大类)的跨国公司在全球的办公网络布局的统计,并计算相应的网络联系度指标得出的(图4-9、图4-10)。本书将中心流理论、世界城市网络理论与"勾可测度"统称为"泰勒体系"。

4. 对"泰勒体系"的评价

(1) 政治经济学评价

泰勒体系[中心流理论、世界城市网络理论与"勾可(GaWC)测度"的统称],是使用"卡氏网络"的概念和语言,从另一个角度对"世界城市"体系的另一套表述版本,其本质仍然摆脱不了金融资本主义剥削工具的实质。学界负有盛名的勾可(GaWC)网络是"全球各地的高级生产性服务企业的日常活动形成的'流'[③]",勾可(GaWC)测度是对世界城市体系的跨国公司、金融服务类职能的数据化描述。

(2) 空间结构的属性评价

① 泰勒体系的空间结构关系首先是新国际劳动分工带来的分散性空间格局,与世界城市体系的空间格局一样。互联网只是一个通信工具,只是比电话、电报先进很多而已,它并没有根本性改变电报电话时代的空间格局——新国际劳动分工体系;它也不能创造空间体系,因为只有空间发展到哪里,"网络"才能到哪里。

② 勾可团队本身的做法无可厚非,它就是专门研究勾可网络的。但如果把它作为认识全球空间结构的途径,就陷入了还原论的陷阱。城市网络联系的相关因素极其复杂,仅美国工商登记的各类行业就达720个,勾可(GaWC)单纯以少数几种类型的先进生产性服务业的网络关系对其进行测度,其割裂性的研究范式,对城市发展已经出现的高级形态"城市群"毫不关心——城市群实际是一个联系紧密的"网络综合体",全球结构是在这种高级城市形态基础上的继续发

---

① http://www.lboro.ac.uk/gawc/world2016t.html
②、③ Taylor,P.J. World City Network: a Global Urban Analysis. London:Routledge.2004

展，而不应拆散城市群，仅仅用"城市"概念来观察世界。

③ 就勾可（GaWC）网络联系测度的结果而论，本质上与"世界城市体系"的研究类似，空间结构虽说是网络形态，但也是散点形态。它只是对发展现状某个局部较近似的描述，并不适于对长远趋势进行预测，更不足以形成战略规划。

四、对世界城市、卡氏网络、泰勒体系等研究范式的总评价

1. 西方思维及研究范式的还原论特征

西方思维和研究以分解、分析见长，并具有单向、局部、片面思维特点，缺乏辨证性、综合性。

从思维方法看，西方思维往往只看到事物的一方面，不顾及其他方面。如新国际劳动分工，为谋取巨额利润，将产业体系拆得如此彻底，留下的产业只适合一小部分精英，大量民众失业，导致越积越重的社会问题、债务问题。

从研究方法看，不仅世界城市、勾可（GaWC），还有许多测评方法都有这样的特点（如我国常见的城镇竞争力评分法、各类城市排名报告），即切断事物的实际联系（切断真实结构），摘取几个指标，建立计算公式，得出分值。这种方法有参考意义，但也有缺陷，其缺陷就在于割裂了事物的整体联系、忽视了事物的复杂性。比如，当空间系统已进入城市群发展阶段时，继续使用"城市排名"还能否抓住问题的实质？

世界城市和卡氏网络城市的研究看不到新国际劳动分工和金融资本主义的实质，有很大局限性。用勾可（GaWC）的指标体系指导中国的建设，会受其局限性影响。资本主义国家的世界城市、全球城市是用来维持新国际劳动分工体系的价格剪刀差、专利壁垒、贸易壁垒的，并有着"剪羊毛"的周期性操作，中国一直是该体系中被"控制"的一方，对勾可（GaWC）的指标体系，要辨证地思考和认识。

正如《新时期上海建设"全球城市"的态势辨析与战略选择》（赵民、李峰清、徐素）一文的三个案例所揭示的"世界城市"体系本身存在的巨大不同，就颇值得反思：

(1) 伦敦、纽约——"伦敦、纽约的全球地位……与本国经济和直接区域腹地的联系程度相对较低。""在英国经济多年衰退、整体低迷的情况下，大伦敦地区生产总值较2013年同期的增长率高达15%。""'配置全球资源'的顶尖全球城市与国家和地区的关系并不一定是良性的关系。如伦敦作为全球的主要外汇交易中心和黄金、石油等大宗期货和航运服务的定价中心而保持了高速的经济增长，但增长的首先是跨国投资人的收益，伦敦的繁荣并不能掩盖英国整体经济的一片萧条和衰退。①"——这种局部性繁荣，对国家整体而言，是没有意义的。顶级全球城市已经走到了它的极端，负面效应日益明显。所以，不可唯"全球城市"论一切，要建立整体的、联系的认识论和方法论。

(2) 上海——"尽管上海金融业在全国首位度和全球地位持续提升，但对跨国资本的核心吸引力相当程度上并非来源于上海本身"，而是"来自整个长三角以及中国内陆地区……没有区域发展的支撑和服务中心地位，就没有上海的全球城市地位"。②——离开了与区域腹地的结构关

系，全球城市就是无源之水。所以，"区域空间结构"、区域中广泛的社会经济联系，比割裂的勾可 (GaWC) 指标更有价值。

(3) 德国——"德国并无测评地位特别突出的'全球城市'，但城市与区域之间高度分工协作，创新和创造能力强，通过先进制造业带动生产性服务业发展，实体经济和服务经济较协调发展，国家整体经济和国民福祉保持在较为理想的状态[③]。"

2. 全球空间结构归根结底是个政治问题

美国主导的全球化的基本思想就不是希望全球共同发展，其本质仍然是维持新国际劳动分工体系与"大海权"主义，仍然是金融资本占据产业链高端，对产业链低端实行剥削的模式——所谓的"微笑曲线"实际是由各种壁垒控制的扭曲状态。其空间体系的根本特征就是"散点"体系，分裂属性，金融资本甚至要动用军事力量维护这种全球分裂状态。

归根到底，全球发展是一个政治问题，全球空间体系也具有政治属性。金融资本势力，要尽一切努力保持新国际劳动分工的前提条件不变，一是保持劳动力和资源等的价格差，二是保持专利技术封锁，三是保持利己的国际贸易规则。如果前提条件变化，则分工体系就无法成立。为维护这些条件，金融势力会动用各种法律手段、金融手段甚至军事力量强行维持。

中国主导的全球化，以合作共赢为指导思想，与西方政治思维完全不是一个体系，所以，对金融资本主义"世界城市"体系的借鉴，要辨明是非。未来促进全人类共同发展是唯一正确的方向，未来新的世界城市发展的主导力量将不再是金融资本，核心职能将不再是"控制"，而是基于"合作发展"思想的若干服务职能——可以据此分解出很多细分职能，"金融"应退回其本来的"服务"角色而不是"控制"角色、"剥削"角色。空间体系方面，因为全球要合作发展，所以构建统一的全球空间结构 (而不是分散的所谓"网络碎片结构") 就成为一项基础工作。

3. 东方范式的系统、整合思想

以往的各种类似勾可 (GaWC) 的测度结果，仅仅是对现状的描述和测度，不管采用再多的指标、再多的城市数据、再先进的计算工具，都逃不出这个局限。

东方思维，以系统和整合见长，以格局构建和动态谋变为灵魂。这种思维范式，对未来具有强大的引导能力 (不仅仅是预测)。其思维范式当然需要现在的数据，但也不拘泥于现在的数据，既依托现在的结构，也不拘泥于现在的结构，更多的是新结构、新格局的构建，是几何思维、关系思维，不是算术思维。不能说数据少就不科学。

[①]、[③] 赵民、李峰清、徐素，新时期上海建设"全球城市"的态势辨析与战略选择，城市规划学刊，2014[4]，11。
[②] 赵民、李峰清、徐素，新时期上海建设"全球城市"的态势辨析与战略选择，城市规划学刊，2014[4]，10。

五、基于"城市群"范式的研究

1. 理论模型

城市群是若干都市区集聚形成的空间形态,理论模型见图4-11。城市群是中文术语,最先形成的城市群是美国的大都市连绵带。

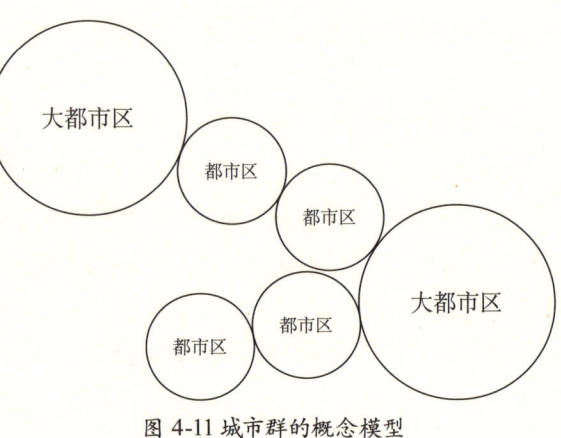

图4-11 城市群的概念模型

2. 研究概况

1961年,法国地理学家戈特曼(Jean Gottmann)把美国东北沿海地区北起波士顿,南至华盛顿,由纽约、纽黑文、费城、巴尔的摩等一系列大城市组成的功能性地域组成的城市密集区域命名为"Megolopolis",词意为巨大城邦的希腊语,中文根据其带型形态翻译为"大都市连绵带"、"大都市带"。该地带内城市沿主要交通干线连绵分布,形成主轴长600英里(1英里约等于1.6公里),人口3000多万的大城市连绵分布带。

与戈特曼"Megolopolis巨大城邦"相关联的概念是美国的"大都市区"概念和日本的"都市圈"概念。大都市区(Metropolitan Area)概念是一种以"通勤"联系和"分工"协作为基础的、由"中心城市"和"郊区"共同构成的新的空间形态[①]。1951年日本学者木内信藏提出了"三地带"学说,进而形成"都市圈"[②]概念。但这两个概念的基本空间尺度还是城市及其郊区,与本文讲的全球格局还不在一个尺度上。

3. 发展现状

当前六大世界级城市群包括[③]:

(1) 美国东北部大西洋沿岸城市群

美国东北部大西洋沿岸城市群是美国经济的核心地带,制造业产值占全国的30%,是美国最大的生产基地、商业贸易中心和世界最大的国际金融中心所在地,包含波士顿、纽约、费城、巴尔的摩、华盛顿等城市。其中,纽约是世界三大国际金融中心之一和著名的都会区。该城市带人口为6500万,占美国总人口的20%,城市化水平达到90%以上。

(2) 北美五大湖城市群

北美五大湖城市群分布于北美五大湖沿岸,包含芝加哥、底特律、克利夫兰、多伦多、渥太华、蒙特利尔、魁北克等城市,跨越美国和加拿大两国。与美国东北部大西洋沿岸城市群共同构成北美制造业带。其中,芝加哥是全球著名的金融中心之一。城市群人口约5000万,面积约24.5万平方公里。

(3) 日本太平洋沿岸城市群

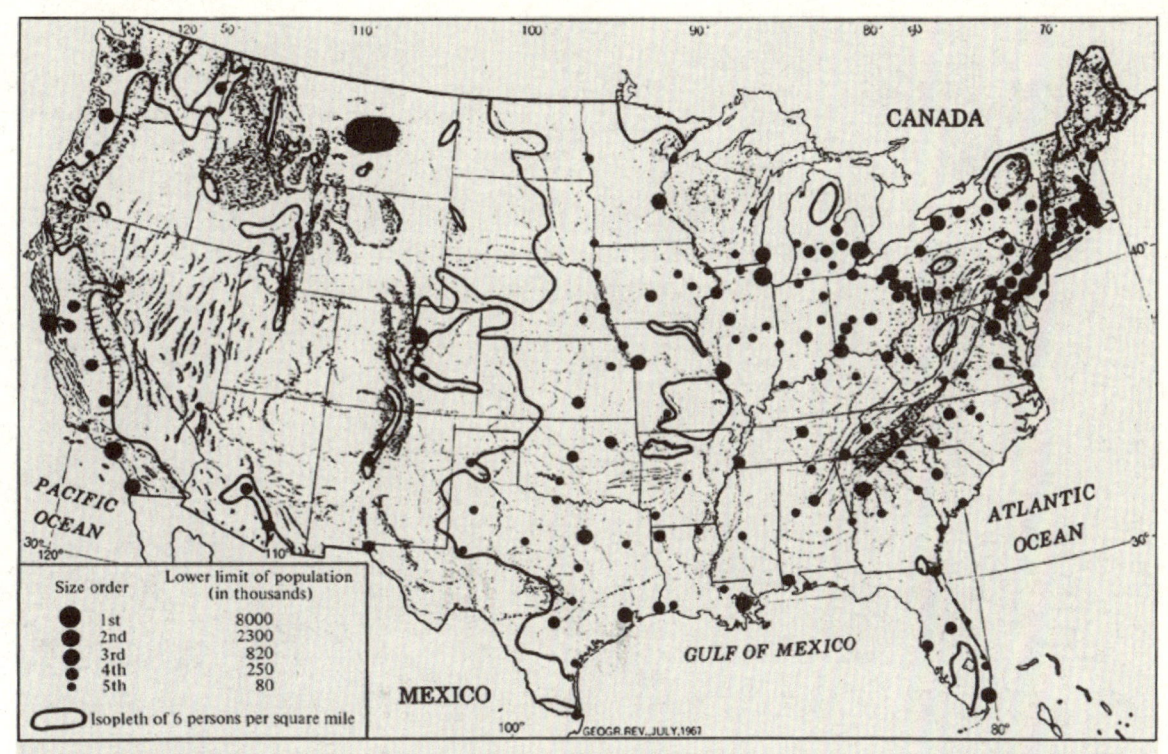

Figure 11. Geographic distribution of SMSA's by size order, 1960. Population-density isopleths have been generalized from *Goode's World Atlas*, 12th ed., 1964, p. 58.

图 4-12 美国 1960 年标准大都市统计区的地理分布，东北沿海连绵特征明显，资料来源：systems of cities

日本太平洋沿岸城市群是日本经济最发达的地带，是日本政治、经济、文化、交通的中枢，包含东京、横滨、静冈、名古屋、京都、大阪、神户等城市，包含了以东京、大阪、名古屋为核心的三个城市圈。其中，东京是世界三大国际金融中心之一和著名的都会区。面积约 3.5 万平方公里，人口近 7000 万。

(4) 英伦城市群

英伦城市群以英国伦敦—利物浦为轴线，包含伦敦、利物浦、曼彻斯特、利兹、伯明翰、谢菲尔德等城市。这是产业革命后英国主要的生产基地，是英国产业密集带和经济核心区。其

---

① 基于对这一空间区域人口统计的需要，美国最早于 1910 年使用了（大都市区）概念。规定大都市区包括一个 10 万人口的中心城市及其周围 10 英里以内的地区，或者虽超过 10 英里但中心城市连绵不断，人口密度大于 150 人/平方英里的地区。1949 年，其标准调整为中心城市的人口达到 5 万人，郊县非农业劳动力达到 75% 以上。并将这种统计区正式定名为"标准大都市统计区"(Standard Metropolitan Statistical Area, 简称 SMSA)。80 年代初，对大都市区界定标准的一个重要修订是：即使没有中心城市，若某区域总人口达到或超过 10 万，其中 5 万以上居住在人口普查局划定的城市化区域中，也可划为大都市区，并将 SMSA 更名为"大都市统计区"(Metropolitan Statistical Area, 简称 MSA)。同时还定义人口在百万以上的 MSA 中，可进一步划分"主要大都市统计区"(Primary Metropolitan Statistical Area, 简称 PMSA)，而包含 PMSA 的大都市复合体，又可称之为"联合大都市统计区"(Consolidated Metropolitan Statistical Area, 简称 CMSA)。
② 1950 年代日本行政管理厅对"都市圈"的定义是：以一日为周期，可以接受城市某一方面功能服务的地域范围，中心城市人口规模须在 10 万以上。20 世纪 60 年代提出的"大都市圈"概念则规定："中心城市为中央指定市，或人口规模在 100 万人以上，并且邻近有 50 万人以上的城市，外围地区到中心城市的人口不低于本身人口的 15%，大都市圈之间的货物运输不得超过总运输量的 25%"。
③ (1)-(5) 城市群介绍引自百度百科：世界级城市群。(6) 引自《2010 中国城市群发展报告》

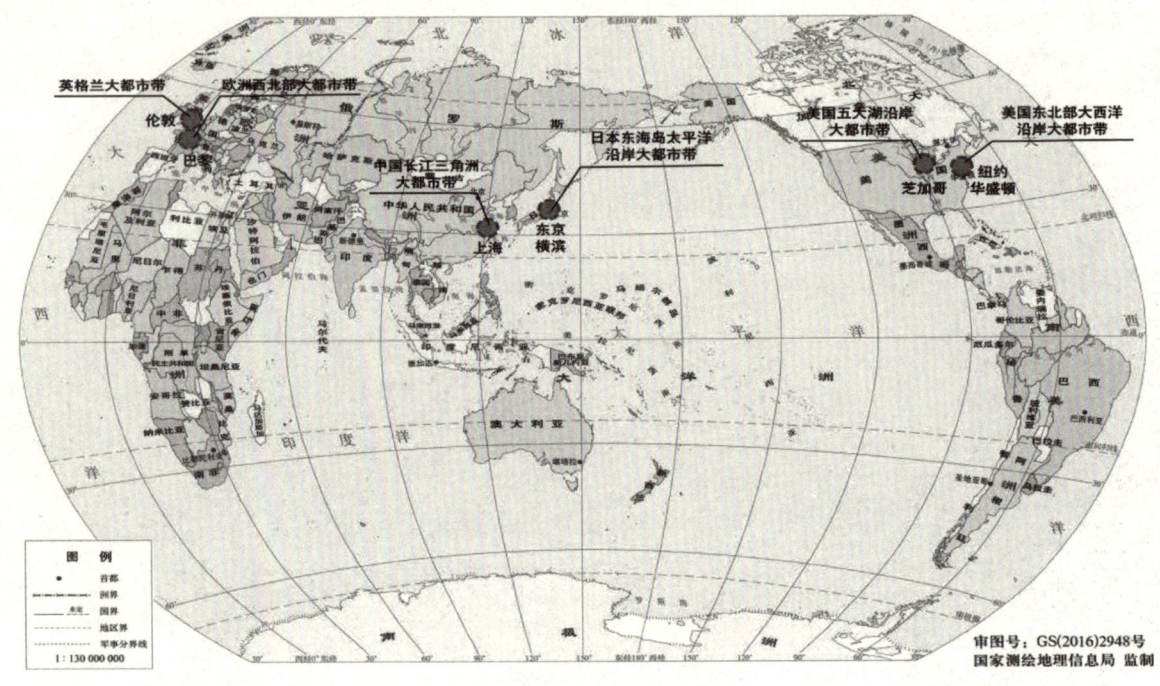

图 4-13 世界六大城市群

中伦敦现已成为欧洲最大的金融中心，同时也是世界三大国际金融中心之一，总面积 4.5 万平方公里，人口 3650 万。

(5) 欧洲西北部城市群

欧洲西北部城市群由法国巴黎城市群、比利时—荷兰城市群、德国莱茵—鲁尔城市群构成，包含巴黎、布鲁塞尔、安特卫普、阿姆斯特丹、鹿特丹、海牙、埃森、科隆、多特蒙德、波恩、法兰克福、斯图加特等城市。其中，巴黎是法国的经济中心和最大的工商业城市，也是西欧重要的金融和交通中心之一；鹿特丹素有"欧洲门户"之称；法兰克福是欧洲重要的工商业、金融和交通中心。总面积 14.5 万平方公里，总人口 4600 万。

(6) 长三角城市群

长三角城市群位于长江入海之前的冲积平原，根据 2016 年 5 月国务院批准的《长江三角洲城市群发展规划》，长三角城市群包括：上海，江苏省的南京、无锡、常州、苏州、南通、盐城、扬州、镇江、泰州，浙江省的杭州、宁波、嘉兴、湖州、绍兴、金华、舟山、台州，安徽省的合肥、芜湖、马鞍山、铜陵、安庆、滁州、池州、宣城等 26 个城市，国土面积 21.17 万平方公里，总人口 1.5 亿人。

根据目前发展情况，未来有潜力的世界级城市群还有中国的珠三角、京津冀城市群，印度的"德里-孟买"城市群。

---

① C. A. Doxiadis. Ecumenopolis: the Inevitable City of the Future. Athens Publishing Center, 1975.
② Ekistics, 疑为 1965(10). 转引自吴良镛《人居环境科学导论》, 中国建筑工业出版社, 2001 版, 307.
③ 吴良镛著, 人居环境科学导论, 中国建筑工业出版社, 2001.10 第一版, 307.

4. 评 价

优点：与传统城市相比，城市群提供了一种大尺度空间结构形式。

缺点：与全球尺度相比，城市群形态还相当渺小；已形成的若干城市群，带有资本主义海权时代的鲜明特征，总体上仍是分散布局，没有形成整体的全球空间结构关系。

六、基于"轴带体系"的研究

1. 理论模型

全球轴带体系，是指空间要素在全球尺度上沿特定轴带、轴网地区以连绵延展方式相互连接形成的空间结构。简化模型表达如图4-14所示。以此为概念的理论研究有道萨迪亚斯的"人类聚居学"。

2. 早期的全球轴带体系研究——道萨迪亚斯"普世城"

20世纪50年代，希腊学者道萨迪亚斯在其"人类聚居学"的学说体系(Ekistics)中提出了普世城的概念[①]。

道氏基于20世纪以来世界范围内城市化加速发展、大量人口向城市集聚的情况，认为"连续的发展将导致人类生活系统的连续变化，并且在所有规模和种类的聚居中，这些变化都将不断加速……越来越大的城市中心将会出现，一种崭新的聚居(本书注：应采用'人类空间系统'一词)将诞生，它将把所有类型的聚居以及所有类型的自然区域连同他们的总体结构结合成一体。[②]"道氏关于发展进化的最终预测结果是"普世城"。未来的普世城将"呈条形的网状结构，大部分都集中在沿海一带，并和原有的城市中心和主要交通干道结合在一起[③]"(图4-15、图4-16)。

3. 对早期轴带体系的评价

(1) 大胆的探索

在全球空间研究的历史上，"普世城"首次提出了全球空间形态概念，是一个大胆的创举。

(2) "海基"的全球化生产力背景

道萨迪亚斯提出"普世城"时的年代，处于美国主导的全球化时代，也是新国际劳动分工迅速发展的时代，也是美国的"大海权"时代。这一时代以"海洋"为"交通平台"，世界各区域的发展很大程度依托港口，因此，城市发展有向海布局

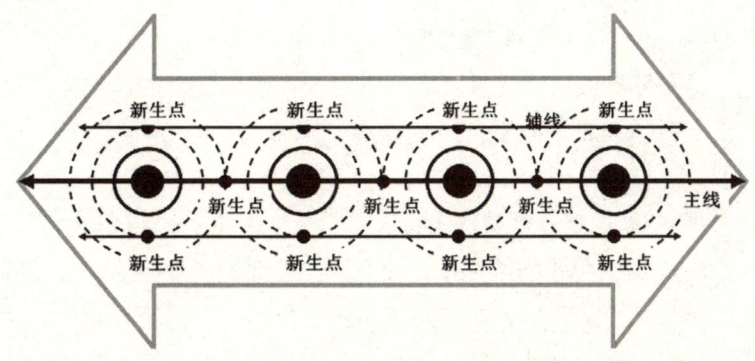

图4-14 轴带体系的简化模型，有连续的展开面、可连带性强、带动面广

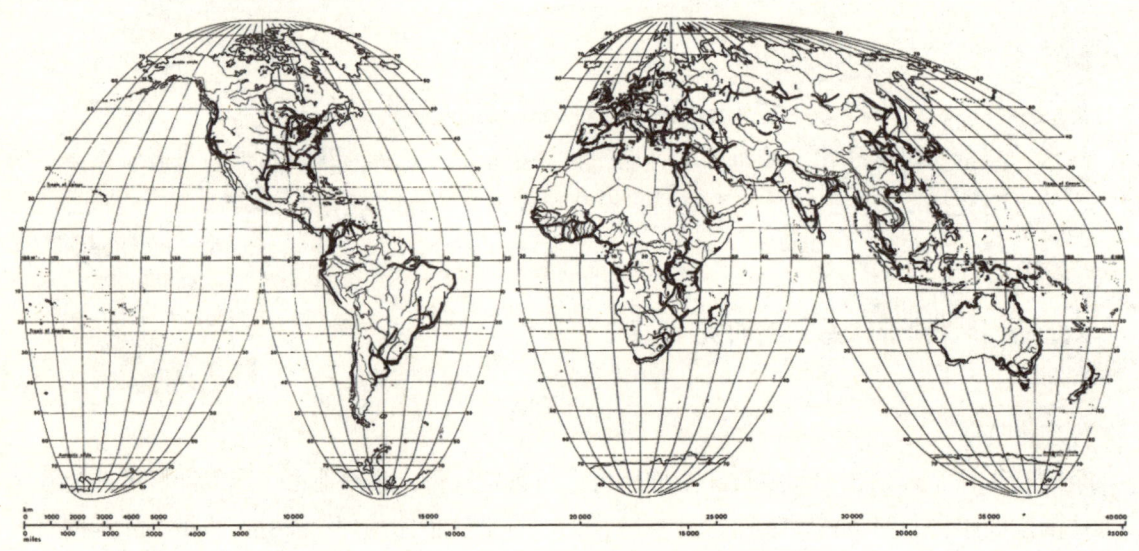

图 4-15 道氏预测 21 世纪下半叶出现城市洲
资料来源：C. A. Doxiadis. Ecumenopolis: the Inevitable City of the Future. Athens Publishing Center, 1975, P306-307

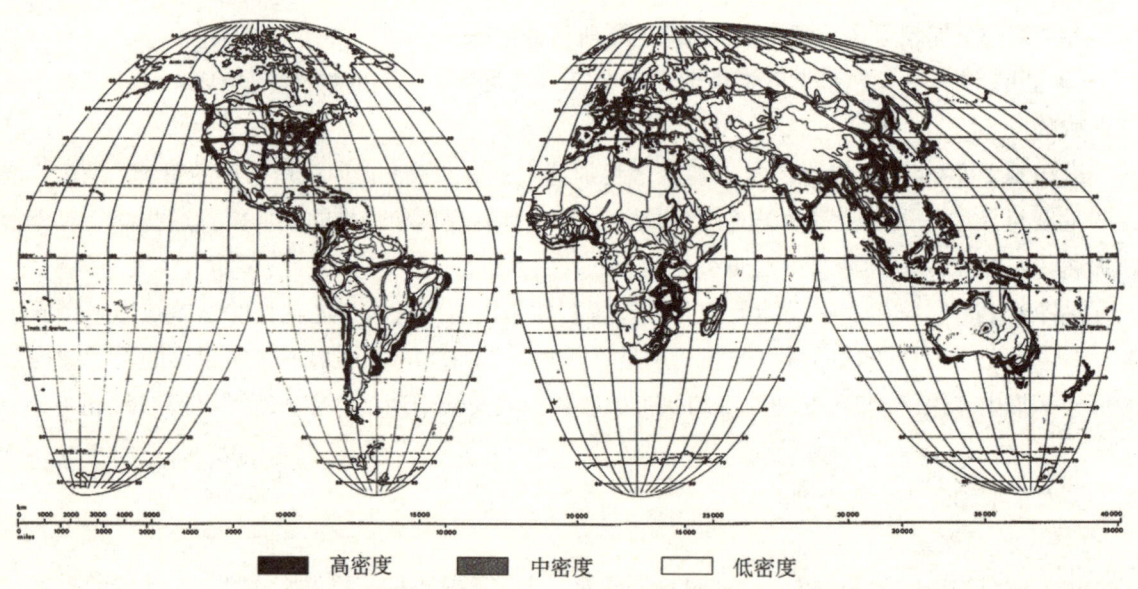

■ 高密度　　▓ 中密度　　□ 低密度

图 4-16 道氏设想的普世城（2100 年）
资料来源：C. A. Doxiadis. Ecumenopolis: the Inevitable City of the Future. Athens Publishing Center, 1975, P362-363

的趋势。道萨迪亚斯的"普世城""大部分都集中在沿海一带"，正是这种海基发展模式的反映。

但是随着经济和技术发展新趋势的出现，从新陆权主义视角和"一带一路"概念来看，"普世城"重沿海轻内陆是有所偏颇的。未来的全球空间体系，应当是往形成连通海陆的轴带方向发展。

(3) 全球性整合概念弱、带有中心 - 等级体系的痕迹

道萨迪亚斯的轴带体系，缺乏贯通全球体系的主结构。其体系基本是各国各地区局域性结构的自生长模式，即各国空间体系的自生长、自然衔接过程，全球 2100 年格局仍分为几个大的片区，关联性、联动性弱，带有中心 - 等级体系的概念痕迹。

第五章 世界格局变化的基本原理

① 人民网-人民日报,去年中欧班列开行数量超过去6年总和,2018年01月23日,http://finance.people.com.cn/GB/n1/2018/0123/c1004-29779832.html。
② 2016年大陆桥运输指标与中欧班列相关数据分析及2017年中欧、中亚班列发展预测,大陆桥物流联盟公共信息平台,大陆桥网 http://www.landbridgenet.com/landbridgetransunion/2017-04-26/45524.html

一、格局变化

1. 格局变化的内涵——由海向陆

由资本主义主导的全球空间格局总体表现为以海运为依托的散点城市群格局,本书所说的"格局变化"是指全球空间格局逐渐发展为以陆路发展轴(世界轴)为支撑,水、空交通、网络关系相协调的复合集聚格局,"格局变化"是指全球空间格局由海向陆、由散向聚的转变。

2. 格局变化的条件与初步迹象

打通便捷的世界岛陆路交通网络是世界格局由海向陆变化的前提条件。目前中欧之间,已开通多条铁路运输线路(表5-1,图5-1),6年来的运营情况已形成了初步的验证。

自2011年开通,中亚、欧洲班列运量呈指数模式连年增长(图5-2),这是一个非常重要的信号。"2017年中欧班列开行3673列,同比增长116%,超过过去6年的总和。截至2017年底,中欧班列国内开行城市达38个,到达欧洲13个国家36个城市,运行线路达61条[①]"。

"目前中欧班列承运的货物品类主要有家用电器、机械设备、汽车配件、食品、服饰百货以及电商货物等,货物品类逐步向高附加值转移,IT产品等电子产品已经成为中欧班列的基础货源。中欧班列初步释放了亚欧陆路物流和贸易通道的潜能,促进了我国与沿线国家以及其他欧洲国家之间的经贸合作,也成为推进'一带一路'建设的重要载体和抓手。据悉,目前,已有不少企业开始布点投资,在相关国家设立集散分拨中心和海外分支机构,改造运输场站和物流仓库等。[②]"

表5-1 2016年国内中亚、欧洲班列运行情况统计

序号	班列	1~12月(TEU)
1	连云港-中亚	46886
2	蓉欧	26024
3	渝新欧	23502
4	郑新欧	21422
5	长安号	10636
6	汉新欧	10618
7	义新欧	9524
8	苏满欧	9094
9	东莞-中亚	7499
10	兰州号	7283
11	南京-中亚	6954
12	合肥-中亚	4924
13	银川-中亚	1325
14	天马号	458

数据来源:2016年大陆桥运输指标与中欧班列相关数据分析及2017年中欧、中亚班列发展预测,大陆桥物流联盟公共信息平台,大陆桥网 http://www.landbridgenet.com/landbridgetransunion/2017-04-26/45524.html

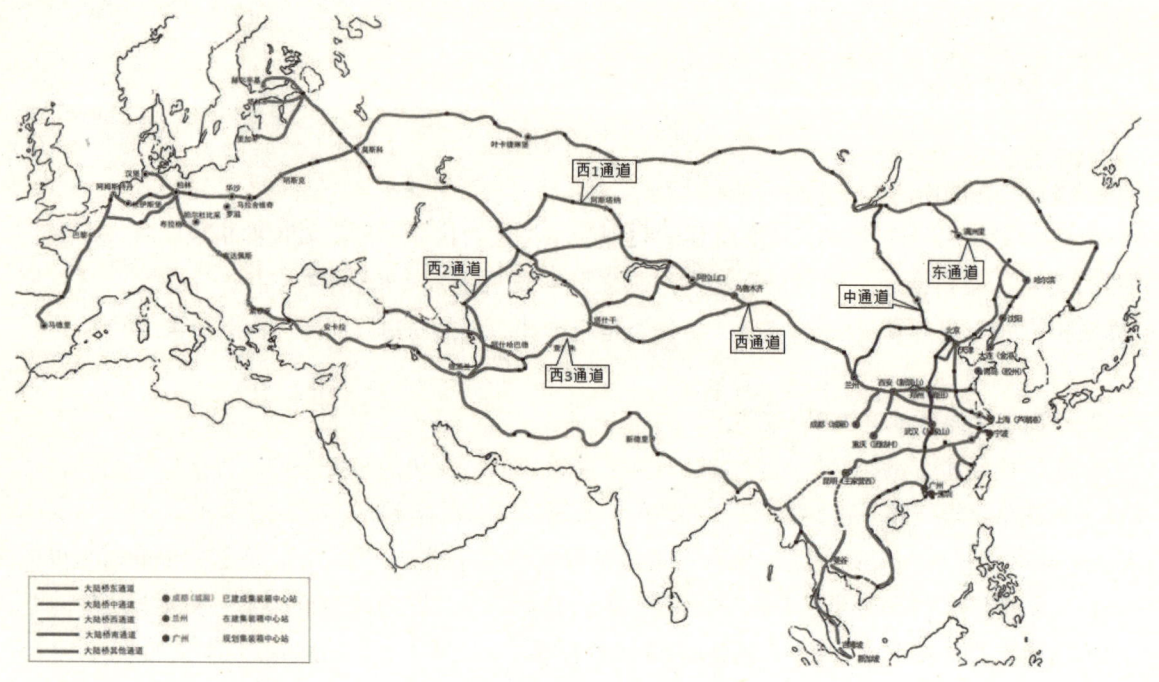

图 5-1 中欧班列通道规划图，图片来源：http://cn.cetrains.com/post/jianjie-page.html

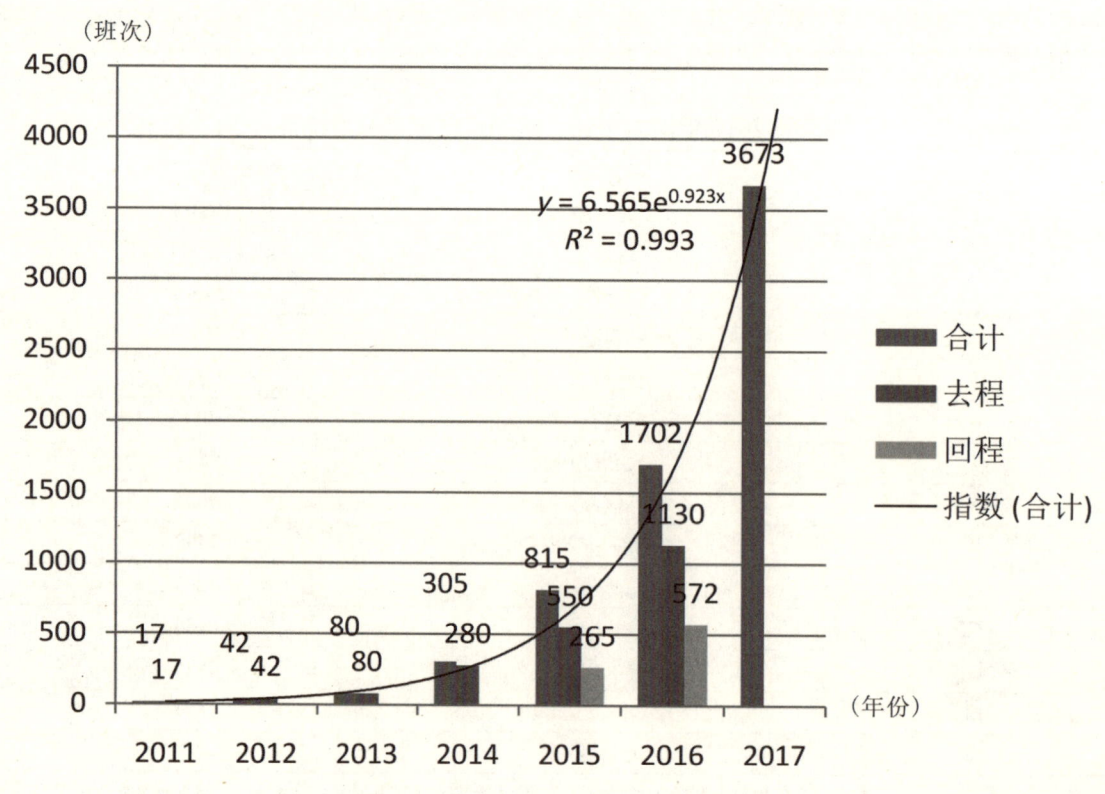

图 5-2 2011~2017 年中欧、中亚班列运行班次统计[①]

表 5-2 2015~2017 年部分城市中欧班列运营情况[②]

城市	运行数量（列）			占全国中欧班列运行列数比重		
	2015 年	2016 年	2017 年	2015 年	2016 年	2017 年
成都	103	453	777	12.64%	26.62%	21.15%
重庆	257	420	700	31.53%	24.68%	19.06%
郑州	97	251	493	11.90%	14.75%	13.42%
武汉	92	122	375	11.29%	7.17%	10.21%
四市总计	549	1246	2345	67.36%	73.21%	63.84%
全国	815	1702	3673	100.00%	100.00%	100.00%

表 5-3 2015~2017 年部分城市中欧班列运输产品及抵达城市

城市	主要产品	主要抵达国家及城市
成都	笔记本电脑、汽车、花卉、台式电脑、家用电器、机械配件	波兰罗兹、捷克布拉格、荷兰蒂尔堡
重庆	笔记本电脑、汽车、机电产品、咖啡豆	德国杜伊斯堡、俄罗斯
郑州	汽车配件、服装、家居用品	德国汉堡、俄罗斯、立陶宛
武汉	汽车、电子产品、电脑、显示器	德国汉堡、法国、比利时

3. 中西部城市群面临启动

从 2017 年数据看，成都和重庆是中欧班列发展最好的城市，同时郑州、武汉等内陆城市也开始发力（表5-2、表5-3）。大区域对外交通的改善，将带来城市发展动力的提升。海运时代催生了长三角、珠三角等城市群，陆运时代将催生中西部城市群。

中国的空间格局将率先启动陆轴地带发力阶段。成都、重庆、郑州、武汉已显现出发力迹象。尤其是成都近年来以天府新区为代表的主动拓展式发展、湖北武鄂黄黄城市密集地区的发展等，为中西部中心城市的跨越式发展做出了示范。位于中欧大通道主干线的西安、兰州、乌鲁木齐等城市以及主要的口岸城市也将具有较大的提升空间。

二、"格局变化"的基本原理

1. 陆运与海运的经济性比较

海运便宜，是常规认识，但海运速度慢，资金周转慢、效率低的缺点却鲜有人顾及。这对"一带一路"背景下中-欧"轴带结构"的合理性会造成认知困惑。近年开通的中欧班列，速度虽快于海运，但运费高，能否支持"一带一路"的轴带联通？

为解决此问题，需进行经济性比较。海运和陆运，只在运输环节不同，其他环节包括生产、

[①] 2011-2016 数据来自：2016 年大陆桥运输指标与中欧班列相关数据分析及 2017 年中欧、中亚班列发展预测，大陆桥物流联盟公共信息平台，大陆桥网，http://www.landbridgenet.com/landbridgetransunion/2017-04-26/45524.html。
[②] 数据来源：李果，2017 中欧班列报告：35 城市共开行 3271 列 未来将转向"高质量"_中证网 http://www.cs.com.cn/ssgs/hyzx/201801/t20180103_5650881.html，以及根据多个新闻网页整理。

销售、服务等都是相同的，所以，可以将两者的经济性比较简化为运输环节的经济性比较，其他环节忽略。

(1) 陆运与海运的成本—效率比较——以重庆到华沙为例

以一个 20GP 的集装箱（小箱，内部尺寸为 5.89m×2.33m×2.38m）由重庆运到华沙的海运、陆运成本为例，进行比较。

由表 5-4 可知，1 个 20GP 的小箱由重庆到华沙，海运约需 17600 元，中欧班列约需 33000 元，海运几乎便宜一半。

但两者的资金效率却完全不同。以海运的时间 48 天为时间单位，48 天内，海运完成一个资金周期，陆运可完成 3.4 个资金周期。假设每箱货值 100 万元人民币，每箱销售利润率均为 15%，在 1:3.4 的运转周期内、两者销售利润分别为 15 万元和 51 万元，扣除运输成本后净利润分别约为 13 万元和 40 万元。可见，陆运的资金效率明显高出很多（表 5-5）。

(2) 陆运与海运的成本-效率比较——以上海到汉堡为例

再以一个 20GP 的集装箱（小箱）由上海运到德国北部海港城市汉堡的海运、陆运成本为例，进行比较。

由表 5-6 可知，1 个 20GP 的小箱由上海运到汉堡，海运约需 4620 元，中欧班列约需 34980 元，海运费用是陆运的 13%。

再对这两种运输方式的资金效率进行比较。

表 5-4 重庆到华沙 20GP 小箱运费——海运与中欧班列比较

运输形式	行程路段	耗时	费用	折合人民币（元）	费用合计人民币（元）	耗时合计
水运+陆运	重庆 - 洋山水运	10 天	3000 元	3000	17625	48 天
	上海 - 鹿特丹海运	36 天	725 美元	4785		
	鹿特丹 - 华沙 1230km 陆运	2 天	1230 欧元	9840		
中欧班列	重庆 - 华沙中欧班列①	14 天	5000 美元	33000	33000	14 天

表 5-5 海运 - 陆运资金效率比较（简化计算）

	假设每箱货值（万元）	每箱利润率	外运运费（元）	每箱资金耗时	48 天可循环周期	48 天运费（元）	48 天利润（元）	扣除运费后的净利润（元）
海运	100	15%	17625	48 天	1	17625	150000	132375
班列	100	15%	33000	14 天	3.4	112200	510000	397800

表 5-6 上海 - 汉堡 20GP 小箱运费——海运与中欧班列比较

运输形式	行程路段	耗时	费用	折合人民币（元）
水运+陆运	上海 - 汉堡海运②	31 天	700 US$	4620
中欧班列	上海 - 汉堡中欧班列③	15 天	5300US$	34980

表 5-7 上海 - 汉堡 20GP 小箱运费——海运与中欧班列资金效率比较（简化计算）

	假设每箱货值（万元）	每箱利润率	外运运费（元）	每箱资金耗时	31 天可循环周期	31 天运费（元）	31 天利润（元）	扣除运费后的净利润（元）
海运	100	15%	4620	31 天	1	4620	150000	145380
班列	100	15%	34980	15 天	2	69960	300000	230040

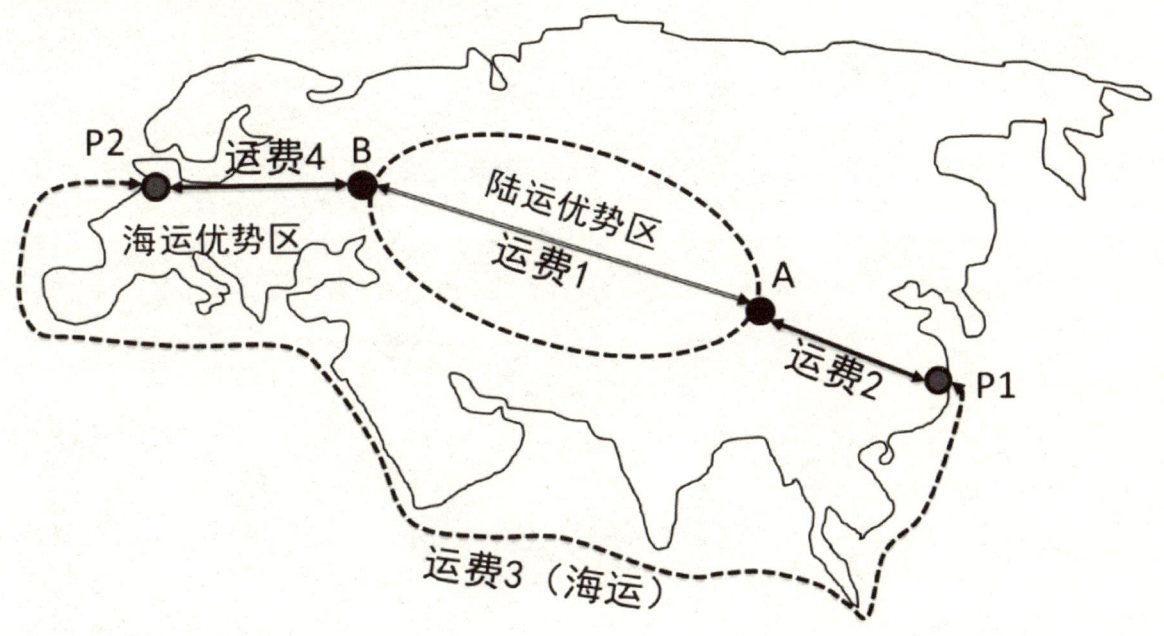

图 5-3 陆运优势区与海运优势区概念——仅考虑运费相等条件（由 A 点到 B 点的海运与陆运费用相等）

以海运的时间 31 天为时间单位，31 天内，海运完成一个资金周期，陆运可完成 2 个资金周期。假设每箱货值 100 万元人民币，每箱利润率均为 15%，在 1:2 的运转周期内、利润分别为 15 万元和 30 万元，扣除外运成本后净利润分别约为 14.5 万元和 23 万元。可见，在海港城市到海港城市这种情形下，陆运的资金效率也明显高出很多（表 5-7）。

2. 原理阐述

(1) 资金成本优势

如果仅仅考虑运输成本的经济性，则存在一个陆运优势区与海运优势区的势力范围分界概念（图 5-3），陆运优势区范围明显小于海运优势区。由此生成的空间形态就是围绕港口集聚分布的城市群形态。由于港口是散布的，所以，城市群就是散布的（图 5-4）。

但如果考虑资金效率问题（即同一资金周期内的收益率），则陆运优势区将显著扩大，甚至覆盖整个陆域（图 5-5）。由此生成的空间形态就是沿运输轴带延展分布的一系列城市群或区域板块，总体呈现为轴带结构（图 5-6）。由于轴带是连续的，所以空间形态就可以是连续的。

以高铁技术为代表的新一代交通技术，为全球空间体系的轴带连绵结构提供了技术支撑。

---

①、③参考上海恒承国际货运代理有限公司报价信息，http://info.b2b168.com/s168-50486693.html，20GP 小箱：USD5000，40GP/40HQ：USD7500（上海、郑州和天津到华沙）
②参考锦程物流网，深圳市乐裕国际物流有限公司报价信息，2017 年 12 月 30 日有效报价 20GP 小箱：USD700，http://shipping.jctrans.com/FreightShow/details-67639921.html。

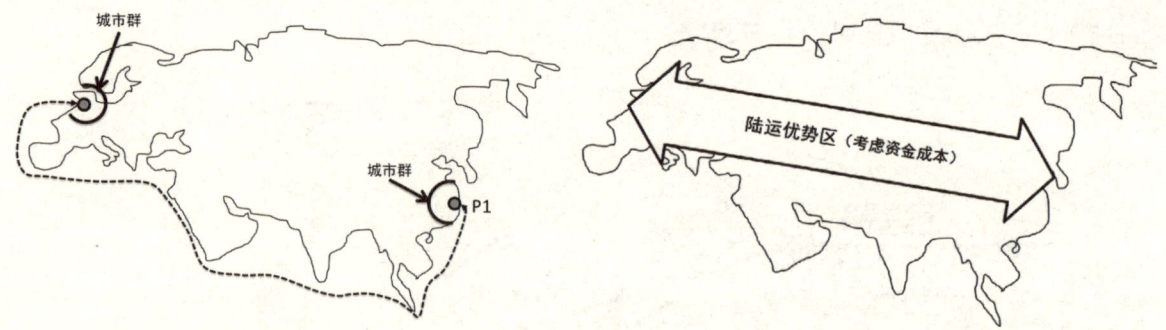

图 5-4 与海运相匹配的城市群概念——散点布局的逻辑（左），图 5-5 陆运优势区超越海运优势区、或覆盖全陆域——考虑资金收益、时效问题

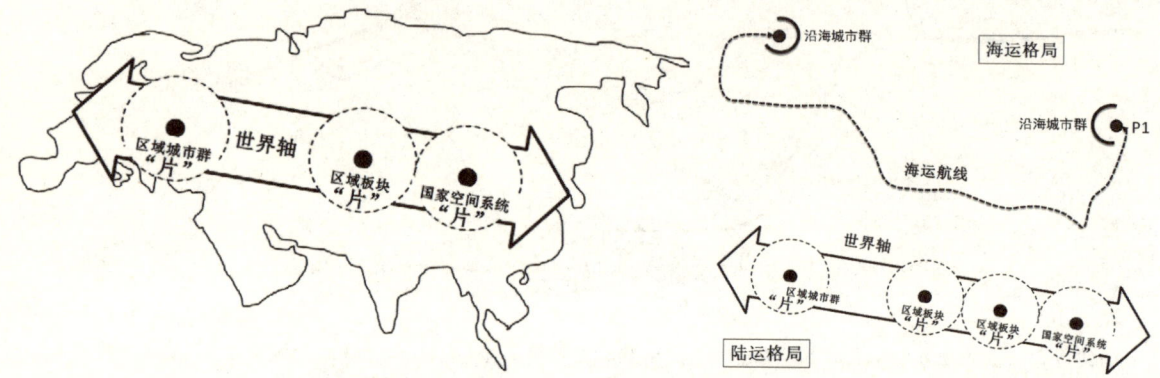

图 5-6 陆运优势下的"世界轴+节点片"概念（左），图 5-7 海运格局（上）与陆运格局（下）带动能力比较

一些前沿研究正在推进的超高速铁路技术研发，使得在全球尺度上构建轴带结构越来越可行。

(2) 格局优势

除了资金成本优势外，依托世界轴形成的陆运格局沿线所能带动的城市群、功能片区呈带状连绵分布，且线型直捷，能够灵活适应全球人口布局；而依托海运体系的沿海城市群格局数量少、布点散、路径曲折，无力匹配全球人口布局（图 5-7）。所以，海运格局存在较大的先天缺陷。在世界大岛本身就是一个连体"大岛"的情形下，仅仅发展海运体系，是有较大偏差的。

3. 小 结

海运之所以廉价，是因为其不需修路，且采取大港吞货、腹地供货的模式，但供货腹地距离不能太远，否则不经济。海运采用大吨位船体、大货量运输，所以能够极大降低单件运输成本，但牺牲的是整体发展时间，且必须要求一个集聚吸纳能力很强的港口城市，由此产生临海城市群。但城市群集聚能力再强，终归受到空间几何性质制约，容量有限，所以对社会经济带动能力有限。此外，在中东地区频繁发生战乱的情况下，欧亚大陆的中部市场需求难以正常发展，且陆路通道也难以安全畅通，所以，当今的全球空间格局主要遵循海运逻辑。

陆运之所以具有竞争力，首先在于其时效性高，资金成本相对较低，并且随着运输班次的不断增加、回程货物的不断充实以及运输组织的不断优化，今后成本还将继续降低；其次在于世界人口的分布本来就不是临海集聚型的，本来就是陆域分布型的。对于欧洲、中东 12 亿多近似均匀分布的人口而言，陆运更有发展前景。

当然,未来并不是说陆运会完全取代海运,而是会形成陆运、海运、空运各自发挥优势的时代,但陆运的优势将会越来越突出。

三、由海运到陆运变化的本质——时代变迁

1. 海运时代

不需要修路,只需拥有船只和港口,即可实现海港间相互通达。这对应于工业化早期、生产力还不十分发达的阶段,人们还没有能力像今天那样修路如履平地[①]。为了降低成本,海船越做越大,港口也越来越集中,并不是有岸线就可有港口。因而,海运所对应的空间体系主导形态,就是几个大的海港所辐射的区域,进一步演变为"城市群"。由于越远离港口,运输成本越大,因此大片的内陆地区、远离枢纽港的地区,发展是滞后、脱节的,世界的发展是贫富分化的、港-陆脱节的。所以,迄今为止,世界六大城市群是散布的。我们可以称之为全球空间格局的1.0版本。

2. 陆运时代

以当前中国的生产力为代表,人类可以轻松地迈过陆路基础设施建设的门槛,从而迎来一个陆运时代。陆运,面向的是人类生活了千万年的陆地区域。自古以来,人类的生产生活、历史变迁、文明的发育,大量地在陆地区域发生,不可能因为海轮的停靠要求而废弃。陆运体系,终于初步匹配了人类发展空间的本来状态,也开始对"新陆权主义"形成有力支撑。从而激发了全球、全人类的共同发展需求、推动全球和全人类共同发展,市场需求将爆发性增长。由于全球人口的分布呈现带状连绵格局,因此陆运所对应的空间体系主导形态,将呈现为轴带-节点状。与海运背景的沿海城市群相比,陆运背景的城市节点群分布更均匀、数量更多,覆盖、辐射区域面积更广,因此,"轴带结构"是新一代空间体系。在此时代,人们互相交往的需求也越来越大,要求越来越廉价地满足"人"的交往、旅游的交通运输方式。而航空运输成本高、服务容量小;海运的时效性又完全不适应人的需求;因此高速大容量陆运交通——高铁就成为最佳选择,高铁的选线逻辑,是沿线服务尽可能多的人口,因而与海运背景的空间体系完全不同。我们可以称这一时代的空间体系为全球空间格局的2.0版本。

3. 体验时代

随着陆运系统的进一步发展、物质产品的进一步丰富、普及,人类对精神享受的需求越来越高,运输对象由过去的"货为主"转变为"人为主",将人由一地带至另一地所产生的体验式消费需求,是未来的一个庞大市场。以2.0版本的节点为依托,叠加多样的交通方式和网络、拓展越来越大的体验消费范围,这种生产消费方式所对应的空间体系,我们可以称之为全球空

[①] 即便今天有了先进的修路技术,但如果路轴沿线充满战乱、彼此不合作,也无法发挥陆运的作用。

间格局的 3.0 版本。它不再是城市群形态，而是"轴带 - 节点 - 体验区"形态。

上述三个代次的发展，总结为表 5-8。

表 5-8 全球空间格局与生产力关系的 3 代版本

版本代次	生产力阶段	社会发展特征	产品特征	运输对象	主导运输工具排序	时间要求	空间形态
1.0	初级阶段	少数国家和地区先行发展	大批量、小区域、同质化、物质产品生产阶段	货为主、人为辅	海轮	慢	小区域、临海城市群、散点结构
2.0	中级阶段	全球国家和地区普遍发展	大批量、大区域、多样化、物质产品富足生产、精神产品体验初步形成阶段	货、人并重（大量的人）	铁路 公路 飞机 海轮	快	轴带-节点片区结构
3.0	高级阶段	全球国家和地区普遍发展、品质全面提升	精神产品高度发展阶段	人为主（全球的人）、货为辅	超高铁 高铁 飞机 快铁 公路 海轮	超快	轴带-节点-体验区结构

第六章　新的理论模型——全球空间系统

一、背景与概念

当今的全球人口分布呈现出在一些地带相对集聚连绵分布的特性。随着世界经济的发展和全球化的推进，全球城市聚集区的数量日益增多，布点也与人口的连绵分布特征一致。以联通、连接关系对全球发展空间布局进行整合所形成的新一代巨型空间结构，笔者将其命名为——全球空间系统。

二、现状格局——全球人口与空间体系的连绵格局

1. 全球人口分布已呈连绵态势

根据1994年[①]、2012年的全球人口分布密度图（图6-1、图6-2）及2020年预测图（图6-3），可以看出世界人口分布具有连绵分布态势。这是全球空间格局最基本的依据。已有的世界六大城市群布点与此差距甚大，只能认为是全球格局初级阶段的产物。

2. 全球城市集聚区分布呈现连绵态势

根据世界银行数据，半个多世纪以来，人口超过100万的城市群的人口占总人口百分比持

图6-1 1994年全球人口密度图已呈现连绵轴带态势

---

①图片来源：维基百科 https://en.wikipedia.org/wiki/Population density

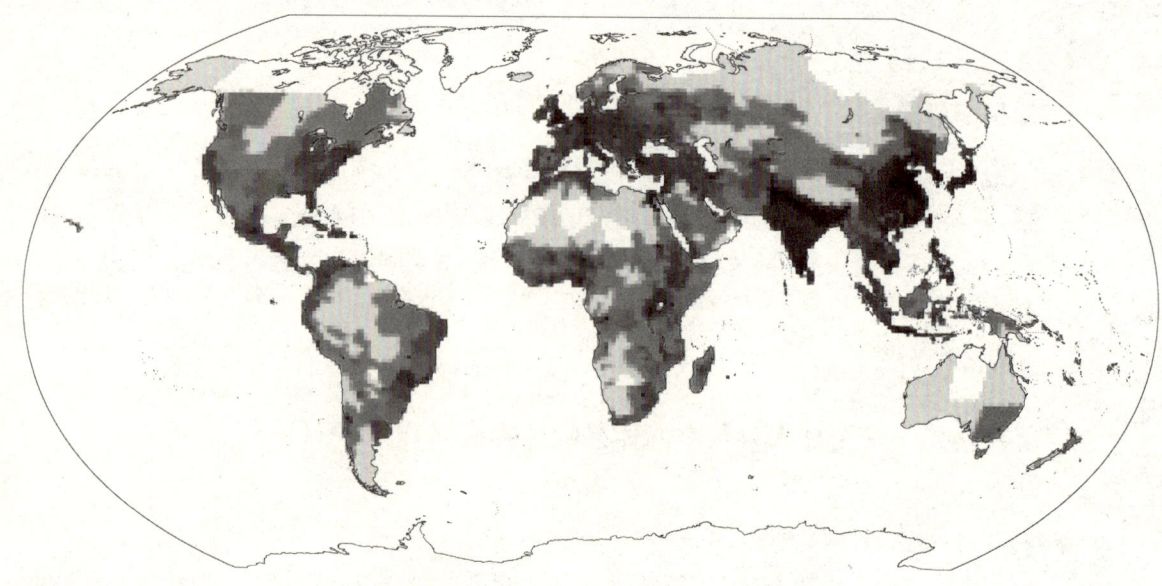

图 6-2 全球人口密度图呈现的连绵轴带态势①(2012)

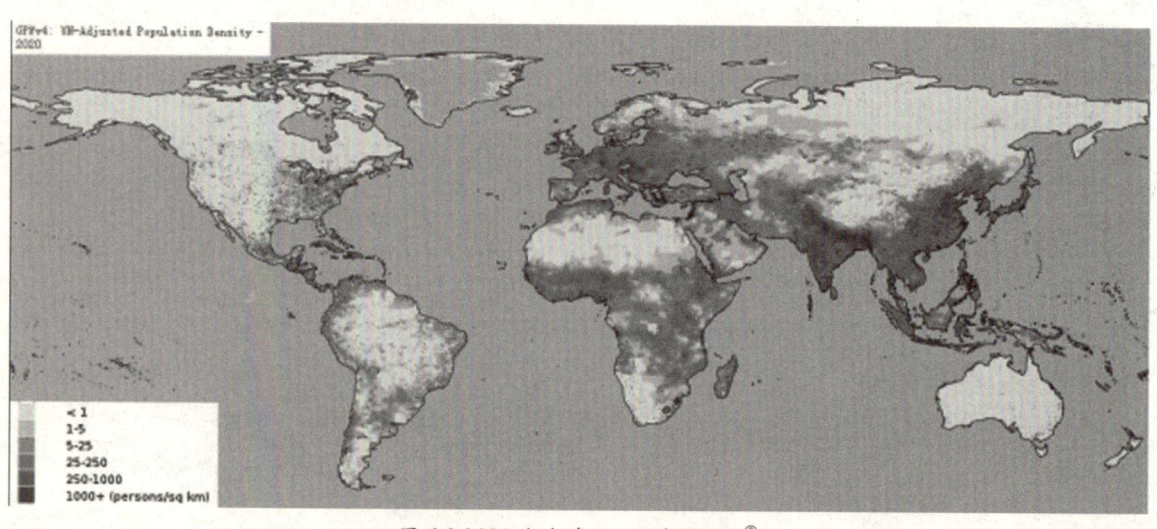

图 6-3 2020 年全球人口密度预测图②

---

①世界人口密度图（按行政区）(2012), http://naglly.com/archives/2012/12/population-density-world-map.php, http://fc07.deviantart.net/fs71/f/2012/031/3/d/population_density_by_tzapquiel-d4o7mh9.png
②图片来源：Socioeconomic Data and Applications Center (sedac), A Data Center in NASA's Earth Observing System Data and Information System (EOSDIS) — Hosted by CIESIN at Columbia University, http://sedac.ciesin.columbia.edu/data/collection/gpw-v4
③1950 年以来，发展中国家的巨型城市的数量急剧增加。在 1950 年 500 万及以上人口的城市有 8 个，其中只有两个在发展中国家；到 2000 年，大城市增加到 41 个；到 2015 年，500 万及以上城市的数量将达到 59 个，其中将有 48 个在发展中国家。1950 年，1000 万以上人口的只有纽约和东京两个城市；到 2003 年，共计有 20 个。

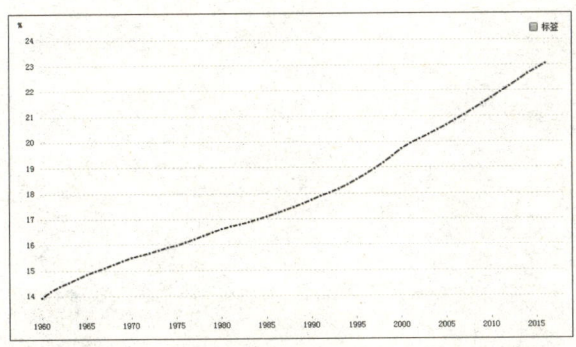

图 6-4 世界人口超过 100 万的城市群的人口占总人口百分比
资料来源：世界银行网站

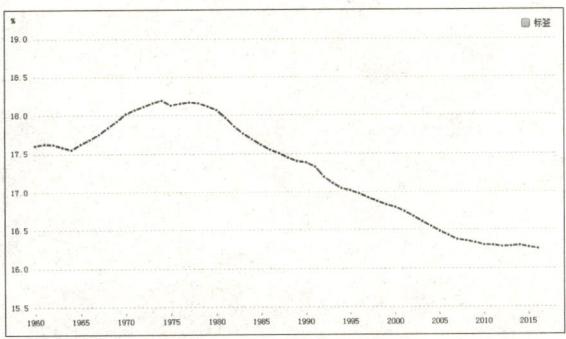

图 6-5 世界最大城市中的人口占城市人口的百分比
资料来源：世界银行网站

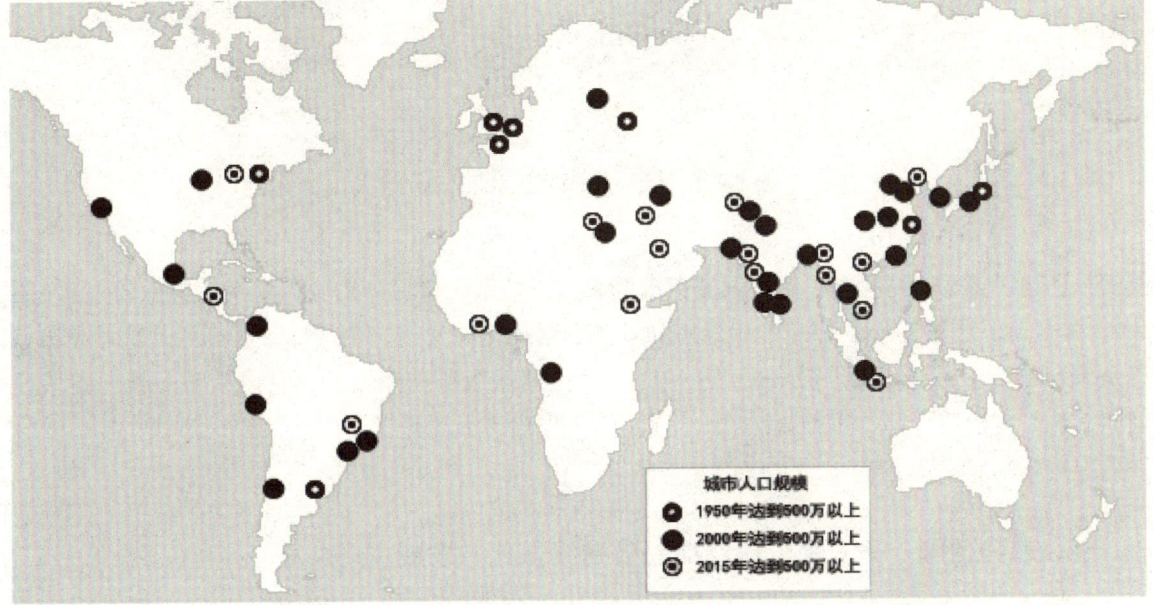

图 6-6 从 1950~2015 年世界城市聚集区的演变态势——连绵态势逐渐显现[⑤]
资料来源：United Nations, World Urbanization Prospects, The 1999 Revision
转引自：http://www.chinadmd.com/file/irrt6xtzzwv6xvvcaxpoo6xu_1.html

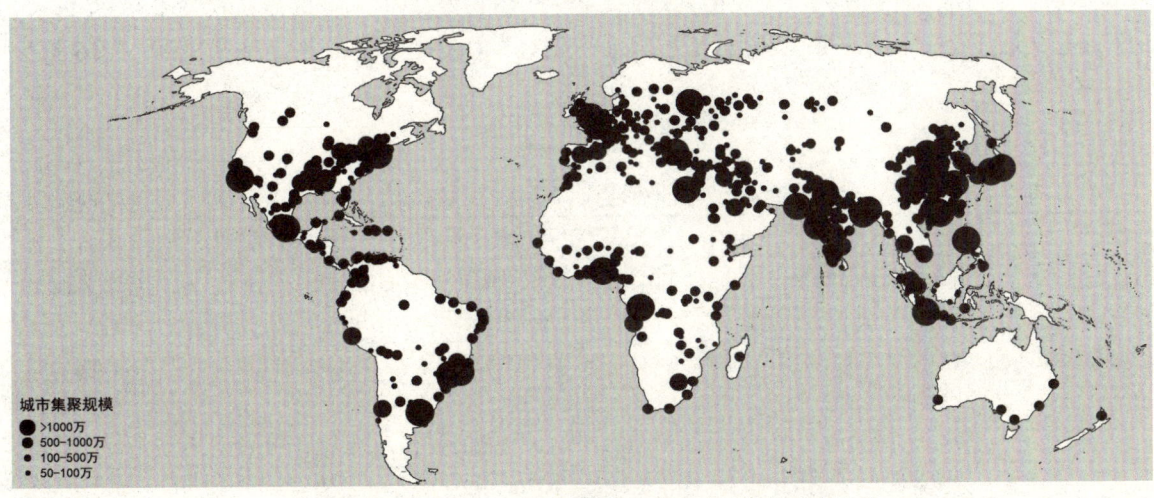

图 6-7 2014 年 50 万以上人口城市分布——连绵态势逐渐显现
资料来源：《全球城市化发展报告 (2014)》

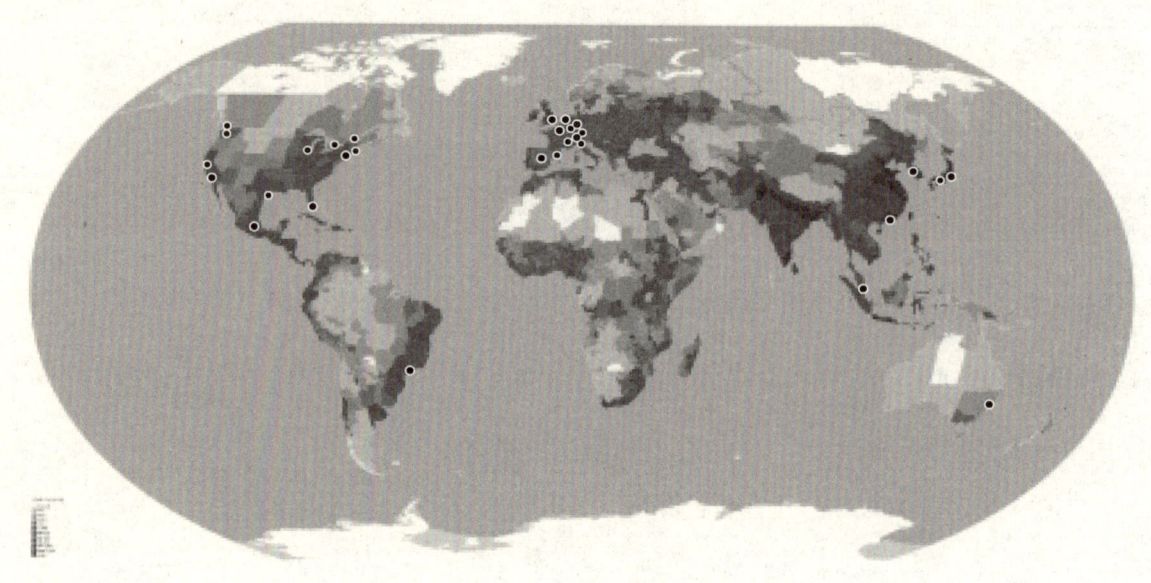

图 6-8 弗里德曼 1995 年提出的世界城市与全球人口分布的关系[①]

续上升，2016 年达 23.048%。但最大城市中的人口占城市人口百分比从八十年代后持续下降（图 6-4、图 6-5）。这说明：① 随着世界经济的发展和全球化的推进，全球城市聚集区的数量和布点已呈现出均衡、连绵趋势（图 6-6、图 6-7）。② 全球城市群蓬勃发展，且已从单一极核阶段发展到多源带动阶段。而弗里德曼 1995 年提出的世界城市只覆盖了这些城市的一部分（图 6-8）。

三、趋势预测——未来全球连绵趋势继续强化并发展

1. 全球人口增长趋势及分布

半个多世纪以来，世界人口呈现出直线上升趋势（图 6-9）。2016 年，世界总人口达 74.42 亿人。但 0~14 岁人口比例持续下降，2016 年为 26.047%；65 岁及以上人口占比持续上升，2016 年为

表 6-1 2016 年全球人口分片区统计

世界岛划分	地区	2016 年人口数（万人）	小计（万人）	占比
世界大岛	东亚与太平洋地区	229678.621	644499.183	86.6%
	南亚	176638.345		
	撒哈拉以南非洲地区	103310.614		
	欧洲与中亚地区	91199.531		
	中东与北非地区	43672.072		
世界小岛	拉丁美洲与加勒比海地区	63766.449	99714.376	13.4%
	北美	35947.927		

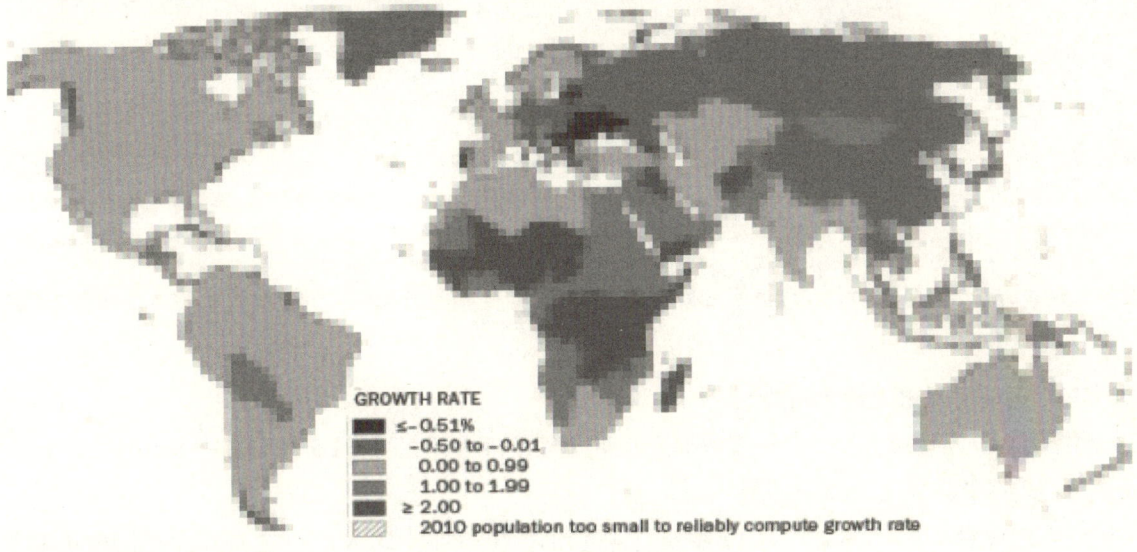

图 6-10 世界人口增长率 2010~2050 年预测

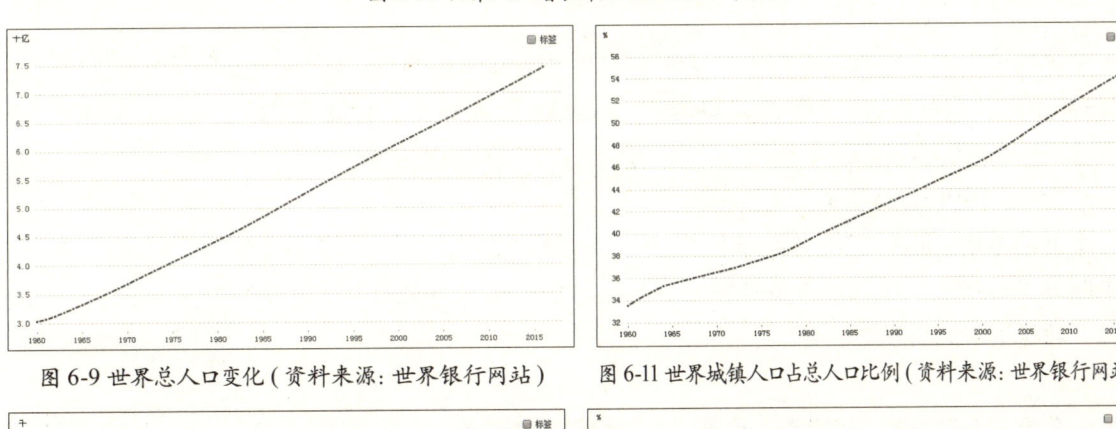

图 6-9 世界总人口变化（资料来源：世界银行网站）　　图 6-11 世界城镇人口占总人口比例（资料来源：世界银行网站）

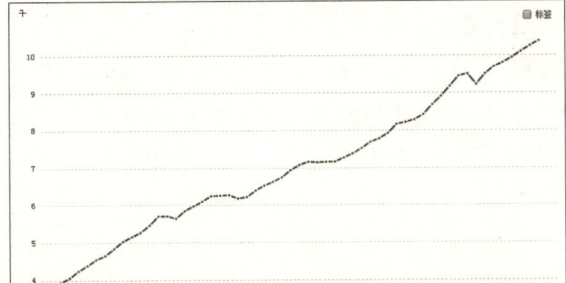
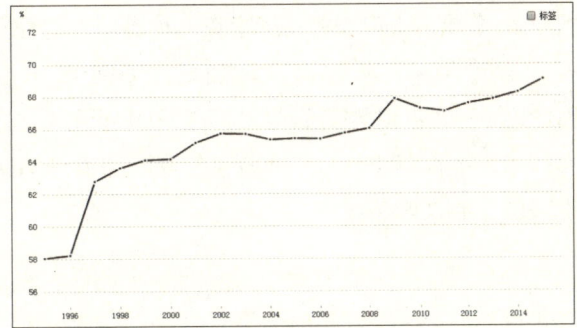

图 6-12 世界人均 GDP(2010 年不变价美元)(资料来源：世界银行网站)　　图 6-13 世界服务业附加值占 GDP 百分比(资料来源世界银行网站)

---

① 1995 年提出的世界城市主要分布在美洲、欧洲，在全球人口密度图上，呈现极大的不均衡性，带有强烈的冷战色彩。

87

图 6-14 世界工业增加值占 GDP 百分比（资料来源：世界银行网站）　　图 6-15 世界农业增加值占 GDP 百分比（资料来源：世界银行网站）

8.465%，逐渐呈现出老龄化趋势。

根据 2016 年全球人口统计（表 6-1），世界大岛欧亚非地区共 64.5 亿人，占 86.6%，世界小岛南北美地区共 9.97 亿人，占 13.4%。

联合国《世界人口展望》(2017 年修订版) 预计 2030 年全球人口将达 86 亿，到 2050 年将增至 98 亿人，至 2100 年将达到 112 亿人[①]。其中增长最快的将是非洲、中东地区（图 6-10）。

2. 全球城市化率仍将持续提高

全球城镇人口占总人口比例持续提升，2008 年首度超过 50%，2016 年达 54.298%。联合国《全球城市化发展报告 (2014)》预计 2050 年将达到 66%。城市，将是未来世界格局的基本单元。

3. 全球 GDP 仍将持续增长

半个世纪来，世界 GDP 持续增长，2016 年达 77.328 万亿 (2010 年不变价美元)。按此趋势，未来随着人口增长，全球经济将持续增长，城市的作用将越来越大，世界城市的作用也将越来越大、数量也将越来越多。

4. 全球第三产业将持续增长，世界城市的作用将越来越大

二十年来，世界农业增加值占 GDP 百分比持续下降，从 1995 年的 8.016% 下降到 2015 年的 3.791%；世界工业增加值占 GDP 百分比总体也呈现下降趋势，从 1995 年的 33.926% 下降到 2015 年的 27.067%；世界服务业附加值占 GDP 百分比持续上升，从 1995 年的 58.059% 上升到 2015 年的 69.046%。

---

① 联合国《世界人口展望》(2017 年修订版)。

四、理论模型

全球空间系统，是指由世界轴对各级各类区域城市群、区域板块、国家空间系统、信息网络、海空运输网络等整合而成的全球空间协作体系（图6-16）。简化模型（图6-17），空间概念模型（图6-18）。

图6-16的"信息网络"和"海空网络"在本系统中是"世界轴"的辅助体系，与卡斯特的"世界城市网络"相比，用的都是网络，但概念不同，卡氏网络是指"分工"，本书是指空间结构。所以，完整概念模型的实质仍然是"轴带结构"，图6-16可以作为本理论的代表模型。

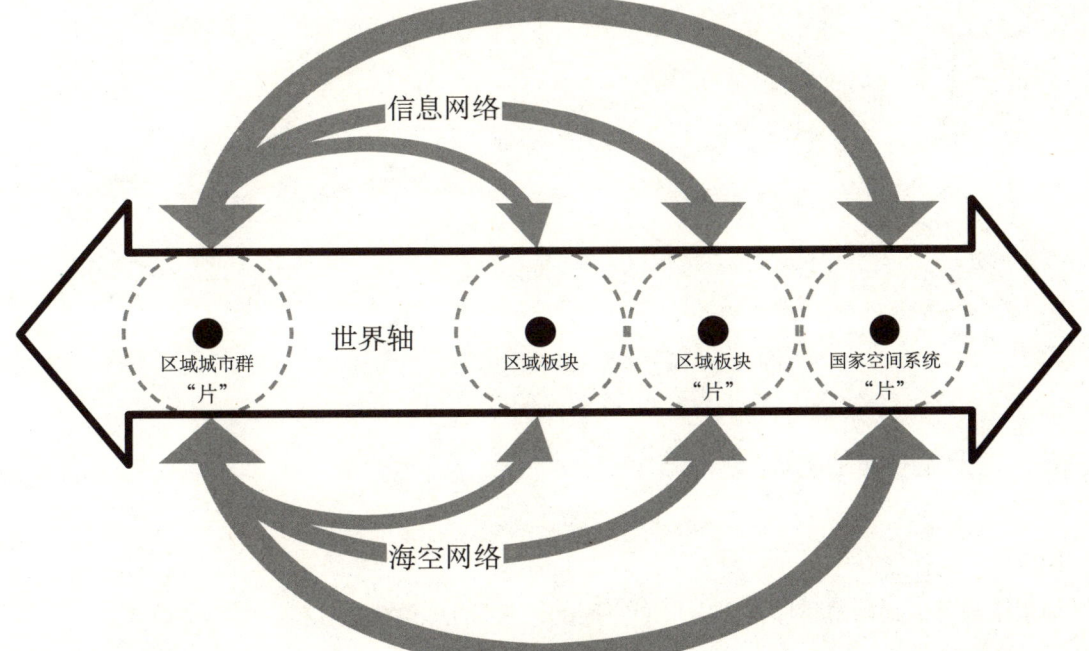

图6-16 全球空间系统的完整概念模型

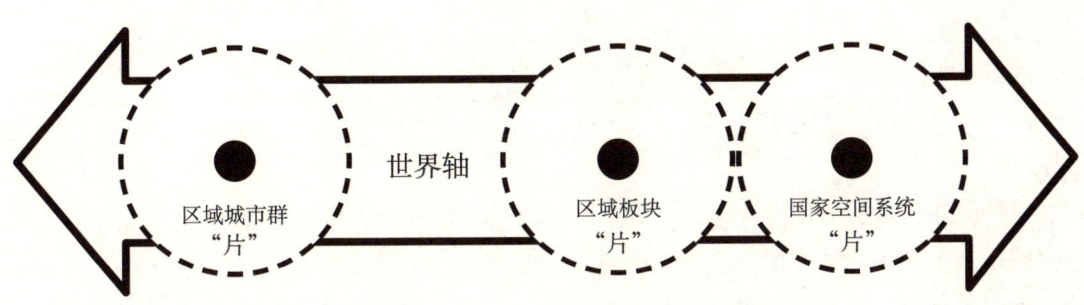

图6-17 全球空间系统的简化概念模型

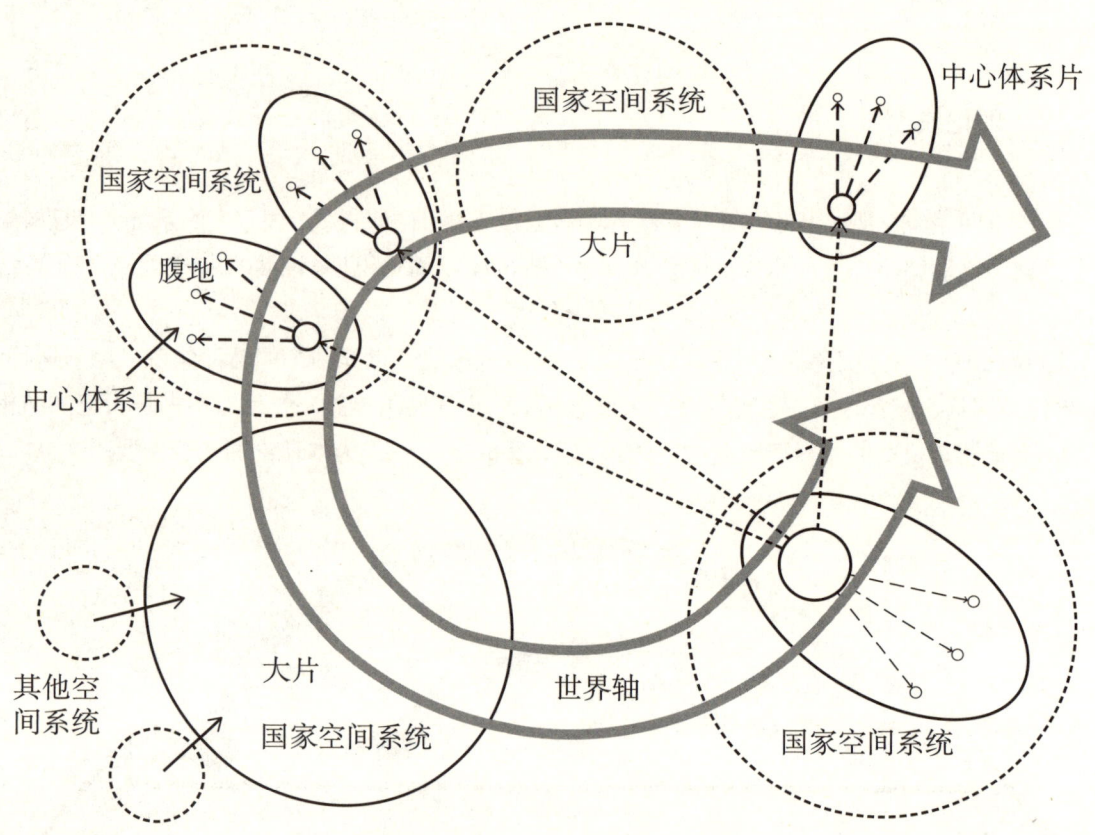

图 6-18 全球空间系统的空间概念模型

五、轴带体系的结构优势

1. 现实匹配性好
轴带结构可以很好地适应世界人口和空间的连绵性分布特征,这是一个基本特性。

2. 战略匹配性好
轴带结构很好地呼应了大同思想、新陆权主义、"一带一路"等,是这些思想和战略在空间上的有力落实。

3. 结构特性创新
"世界轴"结构的出现,是一种创新,蕴含诸多新的结构特性,包括连接性、整合性、协作性、共享性等。

沿"世界轴"的地带可依托该轴,形成一连串的区域性中心城市(节点)、进而生长出一连串功能区域。由于人口的连绵性,又使得每个区域单元之间出现了衔接面或衔接带,并催生出新的次级中心体系,使边缘地带的价值得以提升、区域之间的整合性更强。而以"世界城市"

为代表的"离散的点状结构"则仅仅具有中心辐射特性(也是径向衰减特性),前者是带状持续生长特点(图6-20、图6-21),后者是点状径向衰减特点,前者覆盖性高、系统容量大、均好性强,后者覆盖性小、容量小、均好性差(图6-22)。

4. 联系便捷、联通强度大、补充海运空运不足

以高铁、高速公路等地面交通为依托,"区域单元"之间的联系强度、贯通性会大大提高,时效高于海运、运量高于航空、成本低于航空。地面交通归联于"世界轴"后,联系的集约度、效率更会大大提高。

轴带体系与散点体系相比,存在明显的结构优势:前者的每一个节点都具有依托轴带的"全连接关系",后者首先存在大量未连接地带(图6-22),即便连接也受金融资本控制。

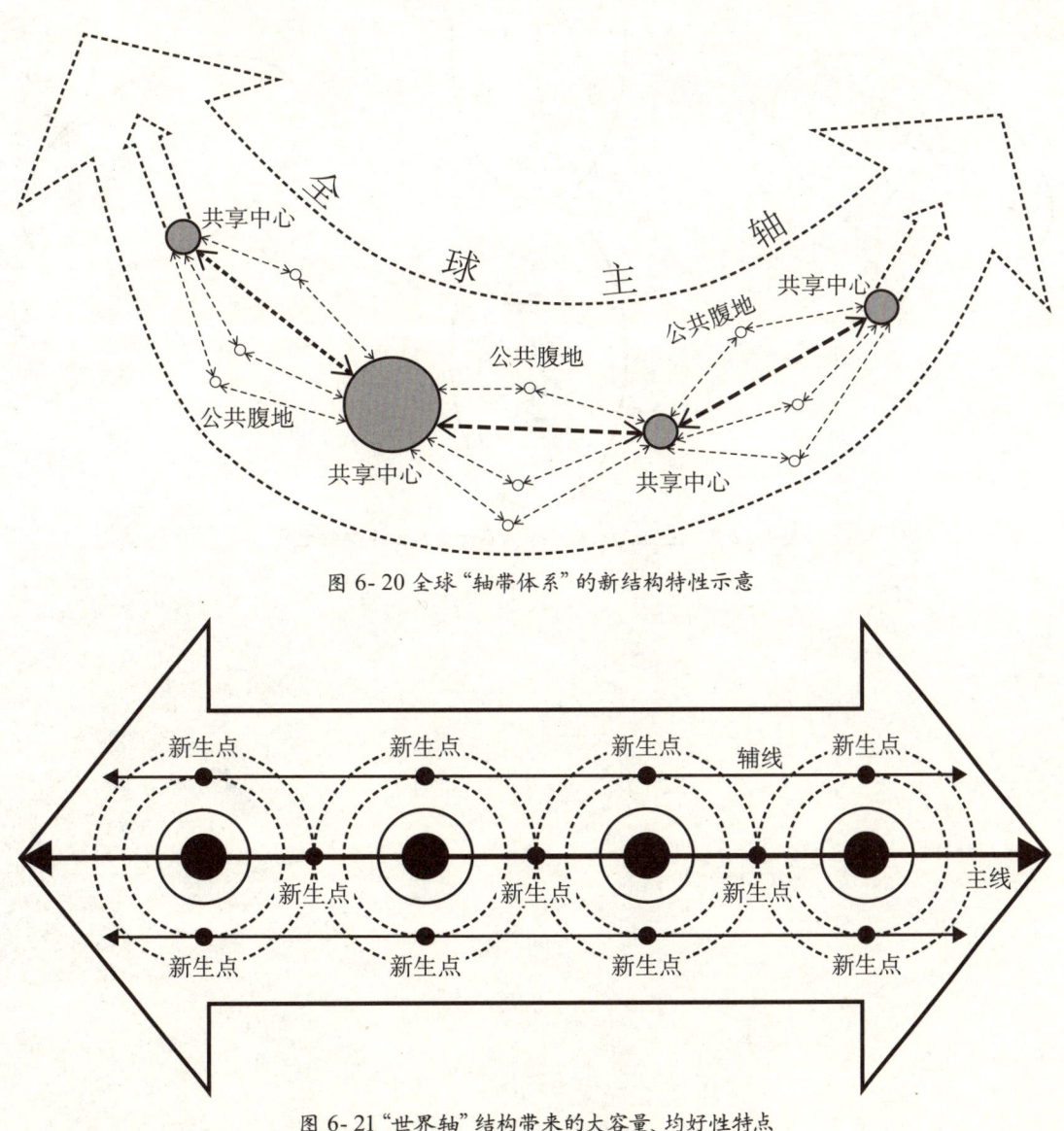

图6-20 全球"轴带体系"的新结构特性示意

图6-21 "世界轴"结构带来的大容量、均好性特点

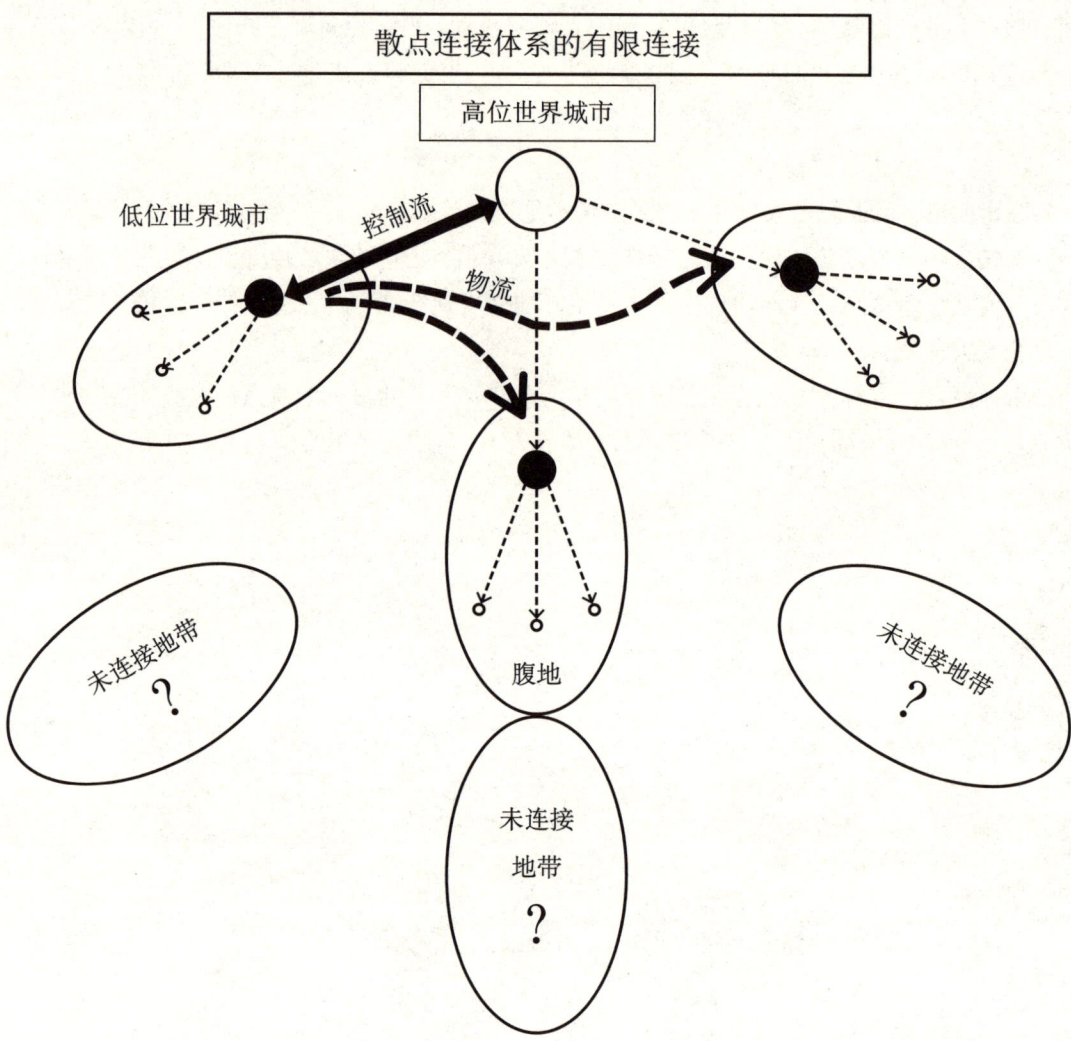

图 6-22 散点连接的缺陷——存在大量难以连接的地带

第七章　全球空间格局面对的复杂现实

一、全球政治、军事格局

1. 北约、华约及其影响

北大西洋公约组织（图7-1），简称北约组织或北约（North Atlantic Treaty Organization），是美国与西欧、北美主要发达国家为实现防卫协作而建立的一个国际军事集团组织。1949年3月18日，美国和西欧国家公开组建北大西洋公约组织，于同年4月4日在美国华盛顿签署《北大西洋公约》后正式成立。其目的是为了与以苏联为首的东欧集团国成员抗衡。

华沙条约组织，简称华约组织或华约，是为对抗北约而成立的政治军事同盟，成立于1955年5月14日，以《华沙公约》命名，成员包括8个欧洲社会主义阵营国家（阿尔巴尼亚人民共和国、保加利亚人民共和国、匈牙利人民共和国、德意志民主共和国、波兰人民共和国、罗马尼亚人民共和国、苏维埃社会主义共和国联盟、捷克斯洛伐克共和国）。

北约、华约两大国际组织，是双方以冷战形式进行军事对抗的产物。1991年7月1日，华约正式解散，北约已失去存在必要，应立即解体，但美国为继续控制欧洲以及西欧国家，以及出于自身安全防卫需要，维持了北约继续存在，并进一步发生了东扩。中东欧国家和前苏联加盟共和国相继加入北约。1993年3月，北约首先将捷克、匈牙利和波兰吸纳为会员。2004年3月斯洛伐克、保加利亚、罗马尼亚、斯洛文尼亚，以及波罗的海沿岸国家爱沙尼亚、拉脱维亚和立陶宛等七国加入北约。2008年4月克罗地亚和阿尔巴尼亚加入北约，成员国达到28个。北约东扩是冷战后国际政治军事领域中的重大事件，势必会对北约自身及各成员国发展产生重大影响，同时也将对全球安全格局尤其是欧洲安全格局产生深远影响[1]。

图7-1 北约成员国分布图（来源：百度百科）

---

[1] 陈亮. 近十年来国内的北约东扩研究综述.[J]. 山东省农业管理干部学院学报, 第28卷第3期, 2011.

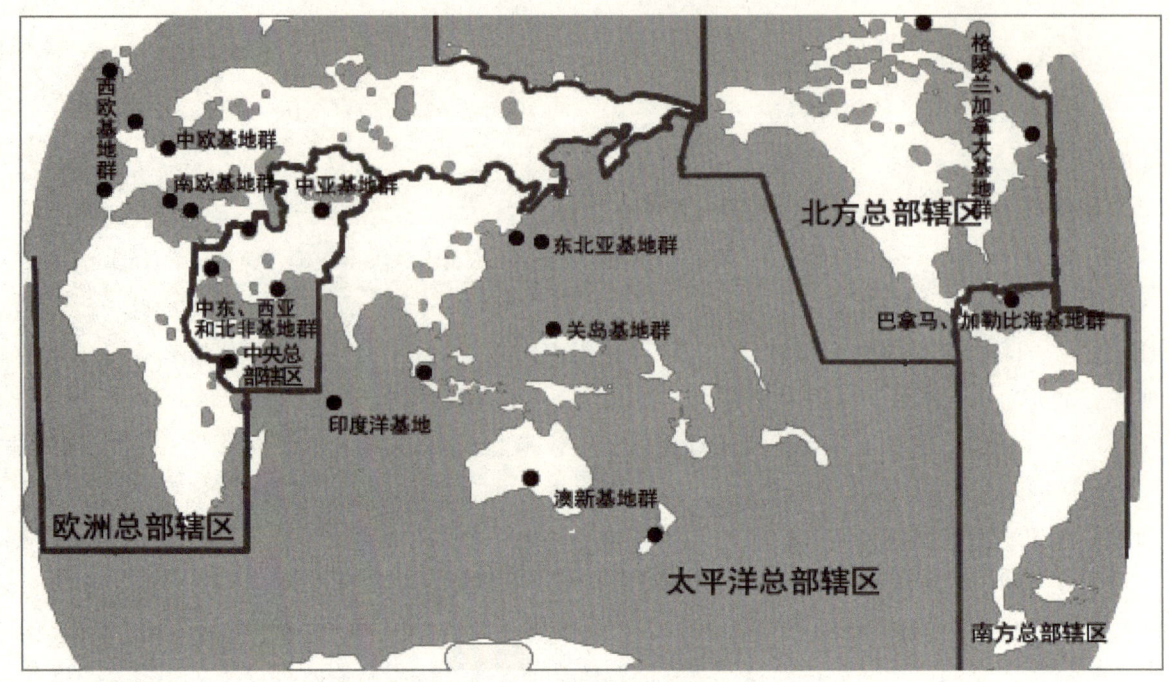

图 7-2 美军全球军事基地分布图[3]

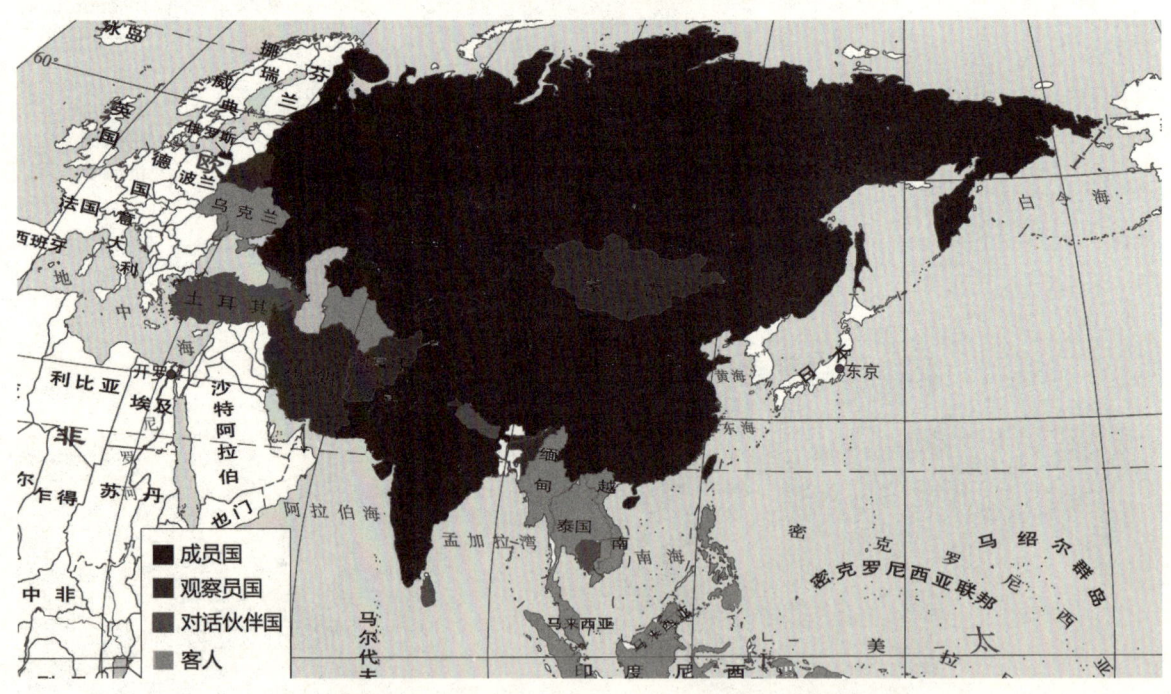

图 7-3 上海合作组织国家分布（图片来源：世界地图来自于国家测绘地理信息局，审图号 GS(2016)2946 号）

---

[1] 西班牙《起义报》文章题：睡莲战略，引自新华网："外媒：美国暗中改造海外军事基地遏制孤立中国"，2012 年 07 月 26 日，编辑：王金志
[2] 人民网，"美军基地遍布全世界，五角大楼是最大地主"，2007 年 03 月 05 日
[3] 戴维·瓦因，"美国暗中改造海外军事基地，创造更危险战争模式"，2012 年 07 月 26 日，来源：新华网（http://mil.sohu.com/20120726/n349061681_2.shtml）
[4] 中国海外基地的梦想与现实，新华网，2015-06-17，来源：国际先驱导报。

2. 美国——全球战区控制世界

西班牙《起义报》的一篇文章《睡莲战略》揭示了美国正在全球范围推行的以小型军事基地覆盖全球的战略，"这些小基地无论是设施方面，还是军人数量和武器配备上都有限，但就像池塘里的睡莲，青蛙可以凭借它跳向猎物。[①]"这一战略被称为"睡莲战略"，其目标是维护美国在一个竞争日益激烈和日益多元化世界中的统治地位。该文称美国这些海外军事设施的数量预计超过1000座，这些基地目前分属于五大辖区——中央总部辖区、北方总部辖区、南方总部辖区、太平洋总部辖区、欧洲总部辖区（图7-2）。

五角大楼对外公布的数字显示其在海外的军事基地里分布着3.2万多个营地、机库、医院和其他建筑，此外还租用了1.6万多处其他设施。在2005—2006财政年度，有将近20万名美军士兵及同样数量的五角大楼工作人员和官员被分派到这些海外军事基地，另有8万多名来自世界各地的人员被这些基地雇用，总人数达到50万[②]。

这些军事基地是保持美国全球霸权的重要依托，例如"迪戈加西亚"是美国位于印度洋上的一座海军基地，该基地在过去数十年里帮助美国政府确保了对来自中东地区能源供给的控制权。

以"军事辖区"思维控制世界，决定了美国主导的全球格局必须服从美国的资本利益。至于全球是否共同发展，不是美国考虑的问题。

3. 中国——海外基地助推发展

与美国星罗棋布的"睡莲"基地的全球控制、威慑思想不同，中国的海外发展思想是以合作、共赢为主导，例如坦赞铁路、中巴铁路、中缅油气管线的建设等。海外基地的作用则是为这些建设提供必要的辅助。

随着"一带一路"倡议的实施，中国逐渐在海外若干重要地区设立了若干"支点"，以提供必要的远洋补给和支持，并为中国不断扩大的国家利益提供有力保障。目前中国的海外基地包括缅甸的皎漂港、孟加拉国的吉大港、斯里兰卡的科伦坡港、马尔代夫港、巴基斯坦瓜达尔港、也门亚丁港、吉布提的吉布提港、所罗门群岛所属比卡齐克亚岛、迪索布伦奥尔岛等，都是中国政府或企业正在建设或可以潜在合作的对象，这些港口大多并非军事基地，而是以民用为主，军用为辅的常态化商业基地[③]。其中吉布提港作为中国首个海外军事基地已于2017年8月1日启用。

从中美海外基地建设的指导思想差异看，中国在推动更实质性的海外发展布局。

4. 上海合作组织

上海合作组织，简称上合组织（图7-3），于2001年6月15日在中国上海宣布成立，是永久性政府间国际组织。该组织的宗旨是：加强成员国间的互相信任与睦邻友好；鼓励成员国在政治、经济、科技、文化、教育、能源、交通、环保和其他领域的有效合作；联合致力于维护和保障地区和平、安全与稳定；建立民主、公正、合理的国际政治经济新秩序。

目前有 8 个成员国、4 个观察员国、6 个对话伙伴国。

成员国：哈萨克斯坦、中华人民共和国、吉尔吉斯斯坦、俄罗斯、塔吉克斯坦、乌兹别克斯坦、巴基斯坦、印度；

观察员国：阿富汗、白俄罗斯、伊朗、蒙古国；

对话伙伴国：阿塞拜疆、亚美尼亚、柬埔寨、尼泊尔、土耳其和斯里兰卡[①]。

5. 非洲

非洲大陆一直处于北约、华约等政治、军事阵营外，各种发展阻力较小，发展潜力巨大，可作为全球空间格局构建的起步区域之一。

二、全球经济趋势及对总体格局的要求

从全球 1960~2015 年的 GDP 变动历程看（图 7-4、图 7-5），如果不发生世界大战，未来全球经济的持续增长仍将是基本趋势。从欧美增长逐渐放缓、中国及金砖国家增长不断加快的趋势看，全球新的增长将越来越多发生在发展中国家和地区，包括亚洲大部分地区、非洲、南美。因此，推进全球合作发展，构建全球一体化空间格局，是未来全球经济持续发展的基本要求。

从 2016 年世界各国 GDP 总值看（图 7-6），当前世界经济增长的主动力为美国和中国。由于中国处于"亚欧非澳"四大洲构成的世界主要板块区域，未来的协作发展潜力应远大于美国。因此，中国将在全球格局构建进程中发挥重要引领作用。

三、主要经济体产业发展特征

1. 中国

改革开放以来，中国经济飞速发展。依托完整的工业产业体系、低廉的劳动力等，逐渐成为"世界工厂"，但是产品附加值低、科技创新不足、环境污染严重等问题也较为突出。2013 年中国产业结构出现历史性变化，第三产业（服务业）增加值占 GDP 比重达 46.1%，首次超过第二产业，标志着中国经济正式迈入"服务化"时代。与此同时，第二产业也在积极谋求转型，在科技发展支撑下，正迅速转向中高技术制造业。新形势下，中央提出了"一带一路"倡议，中国经济正经历"走出去"发展阶段。2016 年，中国对外直接投资飙升 44%，达到 1830 亿美元。中国首次成为全球第二大对外投资国，比吸引外资多 36%；中国还一跃成为最不发达国家的最大投资国，投资额 3 倍于排名第二位的国家。

[①] http://chn.sectsco.org/about_sco/

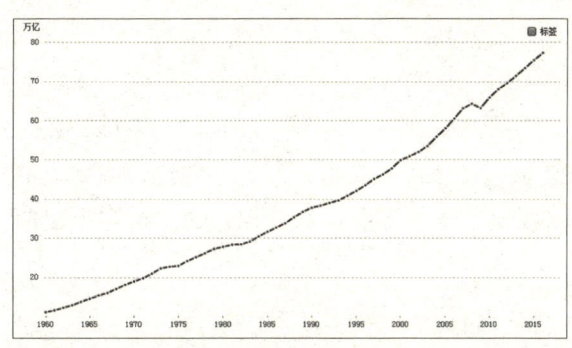
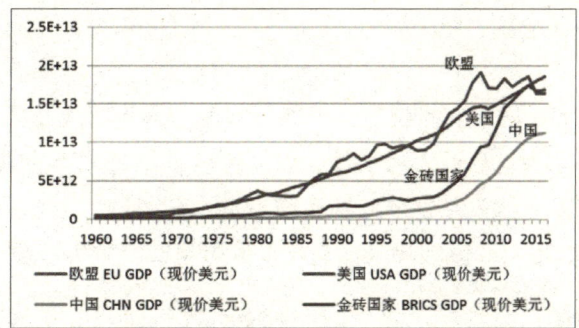

图 7-4 世界 GDP 变化 (2010 年不变价美元)：未来全球经济的持续增长仍将是基本趋势 (资料来源 : 世界银行网站)
图 7-5 世界主要经济体 GDP 趋势分析 (资料来源 : 世界银行网站)(右)

2. 美国

美国建国两百多年来，从农业社会、工业社会转变到信息社会，成为产业技术发展方向的主导者。自上世纪 70 年代起，美国进入了一轮"去工业化"大潮，逐渐从过去极具生产优势的制造业大国转型为以科技为基础、结合金融优势的新型资本发展模式。当前美国服务业发达，GDP 占比高达 80%。但 2008 年金融危机后，实体经济重要性凸显，美国提出了"再工业化"战略，以信息网络技术、数字化制造技术应用为重点，旨在依靠科技创新，抢占制造业新制高点。

2016 年特朗普主政后，退出 TPP、《巴黎协定》，力主美国优先，并大力推进制造业回归。但由于美国多年形成的既有产业体系的惯性，导致再工业化进程阻力重重。

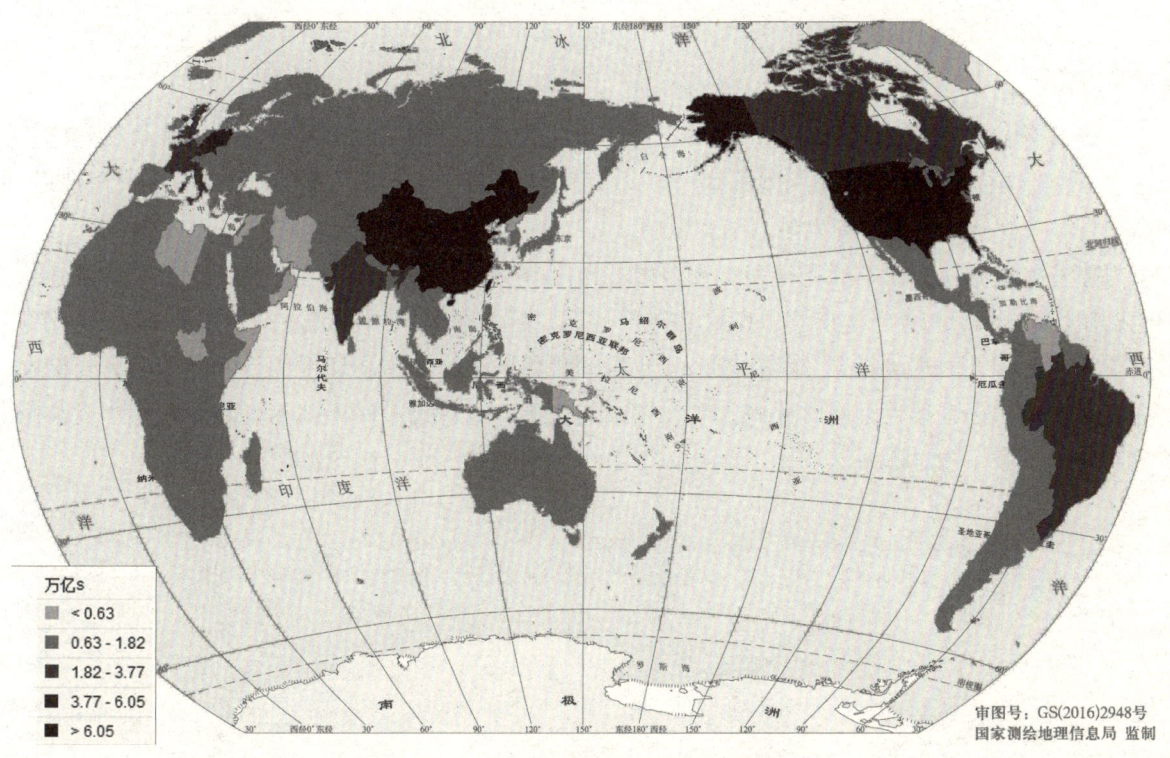

图 7-6 2016 年世界各国 GDP(2010 年不变价美元)
(图片来源 : 世界地图来自于国家测绘地理信息局, 审图号 GS(2016)2946 号)

3. 欧盟

欧盟在推进经济一体化方面曾取得巨大成就,成员国数量实现较大增长,内部贸易发展迅速,成为世界最大经济体。但经济的低增长率、主权债务危机、高失业率、人口老龄化、内部成员国发展不平衡等问题和矛盾突出。当前,欧盟各国推出各自的工业振兴计划,其中德国提出的工业4.0国家战略计划在全世界引起了较大反响。

4. 日本

第二次世界大战后,日本的经济发展经历了战后经济恢复(1945~1955)、经济高速发展(1955~1972)、经济低速发展(1973~1990)、长期经济停滞(1991~)四个阶段。尽管日本经历了"失落年代",无论国家还是国民富裕程度仍在全球名列前茅;经济增速虽低,但发展质量很高,科技创新能力强大;失业率低,贫富差距小,社会比较稳定;城市化与基础设施水平世界领先;国民素质和社会保障等处于世界较高水平。

5. 俄罗斯

苏联曾是与美国并列的超级大国。苏联解体后,俄罗斯经济增长乏力,在世界经济中的地位下降。俄罗斯较具优势的产业为资源和军工,但经济对资源依赖度过高,工业内部结构严重失衡,制造业严重衰退,基础设施不发达,科研机构和高科技产业发展不足,制约了俄罗斯的综合持续发展。

6. 印度

1991年经济改革后,印度经济发展迅速,近年来印度已成为世界经济发展速度最快的国家之一。经济结构改善,服务业发展迅猛。但是印度体制弊端、种姓制度、宗教、制造业发展滞后、高文盲率、基础设施落后等也限制了其发展。

随着中国劳动力成本的提升和产业转型,印度有可能成为低成本制造业的下一个主要承接地。印度政府于2014年推出了"印度制造"运动,旨在提高该国制造水平。印度2015年比中国获得了更多外国直接投资。但在未来工业自动化代替人力之后,印度的低水平劳动力还能发挥多大作用,是个很大疑问。此外,印度未来的发展,或许仍有赖于体制弊端、种姓制度、宗教问题、教育问题的解决。

四、世界格局变化的主要影响因素

1. 交通——高速交通技术

高铁网已极大改变了中国的空间格局。未来的超级高铁技术仍在不断挑战速度记录，低成本、集约、快捷、大容量的陆路交通技术将极大改变国际、洲际联通的速度，这将成为陆路空间格局构建的重要支撑。

2. 中国经济的赶超

2017 年美国国内生产总值为 19.56 万亿美元，位居世界第一，中国国内生产总值为 13.17 万亿美元，位居世界第二。中国、美国属于世界最主要的两大经济体，近年来 GDP 总量处于同一个数量级，借助 EXCEL 软件进行多项式外推预测，得出中国 GDP 总量将在 2025 年超越美国 GDP 总量成为世界第一大经济体（图 7-7）。

3. 去美元化趋势不断加强

数十年来，世界各国去美元化趋势不断加强。1993 年欧盟的成立，形成了一个整体的欧元

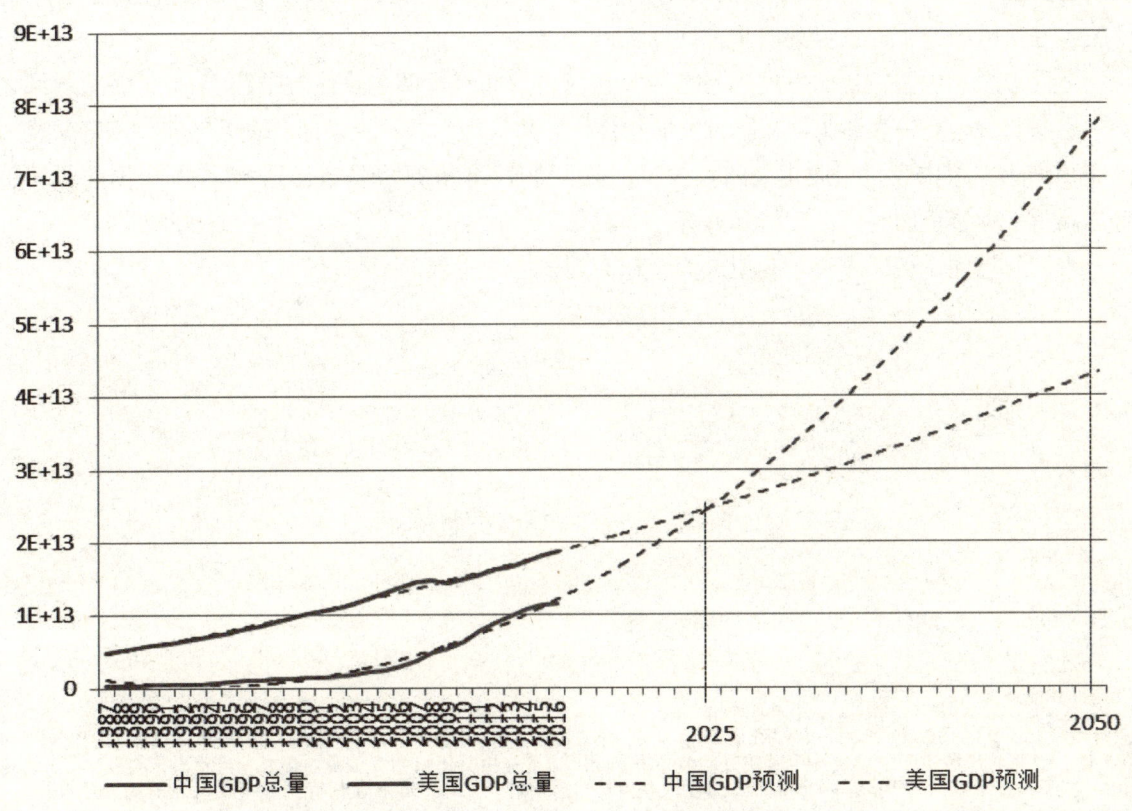

图 7-7 中美 GDP 总量发展趋势预测（单位：美元，历史数据来源：世界银行）

区。2017年9月召开的金砖国家厦门峰会,提出两项促进发展的措施:弃用美元、启动自贸区。金砖国家总人口超过30亿,占世界总人口42%。金砖国家支持双边本币贸易的协定,让占据国际贸易主导地位的美元,突然边缘化了。此外,委内瑞拉也于2017年9月宣布石油贸易弃用美元。这些对美元霸权形成越来越大的冲击。

4. 新能源

作为世界第二大经济体,能源问题是重大约束。为突破能源瓶颈,中国对传统能源的探查和对新能源的探索,成效显著,包括南海大储量可燃冰的发现、西北大储量油田的发现以及各种新能源技术的推广应用,都为最终解决能源问题提供了新途径。这也将有效推进中东地区告别战乱、走向和平,融入"一带一路"的总体框架,推进世界岛一体化进程。

更进一步,能源问题的最终解决,将给"石油美元体系"造成致命打击。未来伴随着美元在国际市场中的份额日益下降,美元收取的铸币税①将日益减少,这对美国未来的持续发展将是个重大考验。

5. 全球主导思想的变局

霸权思想是美国统治全球的主导思想,体现在军事霸权、金融霸权、贸易霸权、文化霸权等多个方面。为了维护其全球霸权,美国不断以推行民主的名义在世界各地制造战乱。在美国霸权思想主导下,世界各国经济发展均需符合美国的控制,美国通过汇率涨跌不断剪全世界的羊毛。在美国主导下,世界难以走上共同发展之路。

大同思想是中国古代的发展思想,今天在《推动共建丝绸之路经济带和21世纪海上丝绸之路的愿景与行动》中表述为"和平、发展、合作、共赢",以设施联通、贸易畅通、资金融通、民心相通为主要内容。与此相关的亚投行,截至2017年6月成员数已达80个。中国的大同思想已赢得了世界范围的广泛支持和好评。

大同思想优于霸权思想,有望成为全球治理的主导思想。

---

①铸币税的英文为Seigniorage,是从法语Seigneur(封建领主、君主、诸侯)演变而来,又称铸币利差。《美国传统词典》进一步将其解释为通过铸造硬币所获得的收益或利润,通常是指所使用的贵金属内含值与硬币面值之差。在金属货币制度下,铸造货币的实际成本与货币表面价值之差归铸币者所有的收入。铸币者取得的该项收入被称为"铸币税"。在纸币制度下,货币当局发行货币,取得全部收入。例如:一张100美元的钞票印刷成本也许只有1美元,却能购买100美元商品,其中的99美元差价就是铸币税,是政府财政的重要来源。(360百科)

①、②国家发展改革委、外交部、商务部,推动共建丝绸之路经济带和21世纪海上丝绸之路的愿景与行动,2015年3月。
③新华社启动"新丝路 新梦想"大型集成报道,2014年05月08日 16:12:54 来源:新华网
④中国网 http://www.china.com.cn/opinion/think/node_7221960.htm

一、中国——"一带一路"

1."一带一路"

2013年9月和10月,中国国家主席习近平在出访中亚和东南亚国家期间,先后提出共建"丝绸之路经济带"和"21世纪海上丝绸之路"的重大倡议(两者合称"一带一路"),得到国际社会高度关注。2015年3月28日,国家发展改革委、外交部、商务部联合发布了《推动共建丝绸之路经济带和21世纪海上丝绸之路的愿景与行动》,宣告"一带一路"进入了全面推进阶段。

"一带一路"是促进共同发展、实现共同繁荣的合作共赢之路,是增进理解信任、加强全方位交流的和平友谊之路。中国政府倡议,秉持和平合作、开放包容、互学互鉴、互利共赢的理念,全方位推进务实合作,打造政治互信、经济融合、文化包容的利益共同体、命运共同体和责任共同体[1]。

"一带一路"贯穿亚欧非大陆,一头是活跃的东亚经济圈,一头是发达的欧洲经济圈,中间广大腹地国家经济发展潜力巨大。丝绸之路经济带重点畅通中国经中亚、俄罗斯至欧洲(波罗的海);中国经中亚、西亚至波斯湾、地中海;中国至东南亚、南亚、印度洋。21世纪海上丝绸之路重点方向是从中国沿海港口过南海到印度洋,延伸至欧洲;从中国沿海港口过南海到南太平洋[2]。

尽管"一带一路"是一项伟大的战略,但到目前为止,尚未形成一张正式的线路图。图8-1常常被当做线路图用,但它仅仅是一张新闻采访线路图。

中国与全球化智库发布的"一带一路"示意图(图8-2)即基本采用了新华网的"新闻采访线路图",中国经济网发布的"一带一路"示意图则有较大简化(图8-3)。

值得注意的是,中国经济网(图8-3)、央视网(图8-4,图8-5)、香港贸易发展局(图8-6,图8-7)的经贸研究网发布了有明显不同的线路示意图,主要的不同在南亚板块。

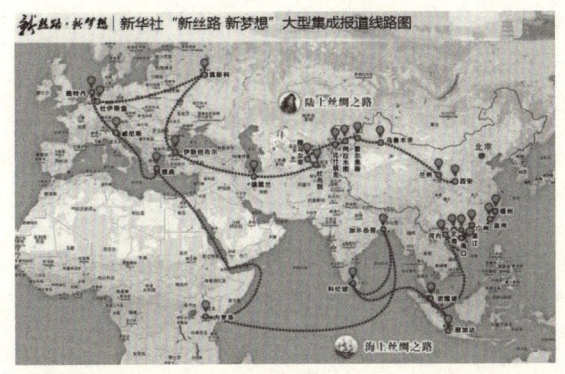

图8-1 新华社"新丝路 新梦想"大型集成报道线路图[3]

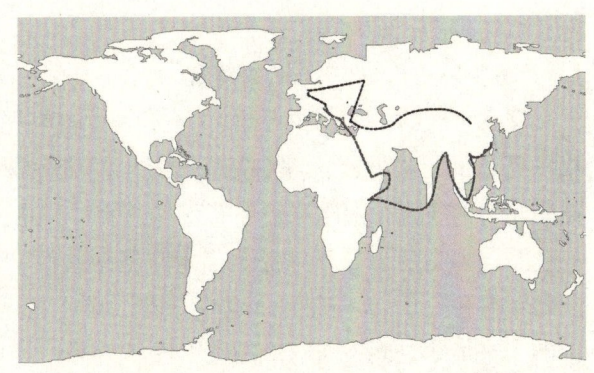

图8-2 中国与全球化智库发布的一带一路示意图[4]
该图基本采用了新华网的"新闻采访线路图"

图 8-3 中国经济网发布的一带一路示意图（上左）；图 8-4 一带一路绘就发展新蓝图，来源：央视网视频截图（上右）
图 8-5 一带一路，习近平派发的大礼包，来源：央视网，2016 年 03 月 04 日（中左）
图 8-6 香港贸易发展局发布的"一带一路"示意图 1，注：南亚线路出现明显不同（中右）
图 8-7 香港贸易发展局发布的"一带一路"示意图 2，注：南亚线路出现明显不同（下左）
图 8-8 印度文化部对"季风计划"的说明示意图，图注："季风计划"由印度莫迪政府在 2014 年提出。当年 6 月在联合国教科文组织第 38 届世界遗产委员会上会议上，印度正式提出"季风计划：海上航路与文化景观"（下右）

2. 对"一带一路"本质的理解

联通世界的"路"并非唯中国有。西方曾率先主导过海路（海权）+ 散碎破裂的世界碎片（边权 + 所谓的网络城市）。东方思维提出的"一带一路"，是中国对人类高层次发展模式根本规律和趋势的认知、追求和倡议。那种认为"一带一路"是中国版本的全球化的理解是肤浅的。

中国提出的"一带一路"倡议"坚持共商、共建、共享原则，积极推进沿线国家发展战略的相互对接"，打造"人类命运共同体"，这是基于东方天下大同智慧和理想的全球化路径，也是影响未来全球空间格局的决定性因素。

二、印度——季风计划、香料之路计划

1. 宏大设想

印度莫迪政府的"季风计划"最早在2014年6月作为一个文化项目提出,聚焦于印度洋的季风现象及其形成的文化景观。2014年9月,"季风计划"被赋予了外交、经济功能,从单一的文化项目转向具有战略规划特征的复合项目①。

季风计划的区域是古代印度水手通过季风航行能够通达、进行贸易交流的环印度洋区域,包括从东非到阿拉伯半岛、印度次大陆、斯里兰卡以及东南亚国家。

香料之路是印度在历史上和亚、欧等30多个国家和地区进行香料贸易的路线,15世纪欧洲人发现的海上新航路,将季风航路绕过好望角、延伸为环非洲东西海岸线、联通印度与欧洲的海上航路。

季风计划与香料之路计划一样,都是借古谋今,都是设想在沿线地区进行经济互利合作的计划。

2. 对印度的评价

(1) 季风计划的合理性及其背后心态

季风计划也好,香料之路也好,都兼容于中国"一带一路"总体框架。"中印之间战略对接有助于实现双方共赢,也有助于地区经济健康发展,并将对全球经济和地缘政治产生积极影响②"。印度如能对接"一带一路"格局,则是双赢、多赢的格局。

"季风计划"规划了一个"由印度主导的海洋世界"。印度一名专栏作者阿基莱什(Akhilesh Pillalamarri)曾撰文《季风计划:印度对中国海上丝绸之路计划的回答》称:"印度欲使用其历史、文化和地理优势与中国的'海上丝绸之路'计划竞争。"同时,"在印度洋地区的安全和贸易中,印度的地位和作用是独一无二的。印度的位置和权力使其成为印度洋地区秩序的组织者。理解这一点,就可知莫迪政府为何会提出'季风计划'。这是莫迪政府外交政策中最为重要的一点③。"

(2) 印度实施"季风计划"的能力

中国南亚学会常务理事钱峰在接受《环球时报》采访时表示:迄今为止,"季风计划"仍是一个较为模糊的概念④。

---

① "一带一路"与印度"季风计划"的战略对接研究,2015-12-01 07:51:09 来源:和讯网 作者:陈菲,中南财经政法大学博士后,中南财经政法大学政治学系讲师,http://opinion.hexun.com/2015-12-01/180904703.html
② "一带一路"与印度"季风计划"的战略对接研究,2015-12-01 07:51:09 来源:和讯网 作者:陈菲,中南财经政法大学博士后,中南财经政法大学政治学系讲师,http://opinion.hexun.com/2015-12-01/180904703.html
③④摘自观察者网,http://www.guancha.cn/Neighbors/2017_01_10_388614.shtml,《印媒:"季风计划"申遗遭中国阻挠 专家:印度有战略野心》,有删改。

第九章 全球空间系统构建的基础条件分析

①世界人口密度图（按行政区）(2012)
http://naglly.com/archives/2012/12/population-density-world-map.php
http://fc07.deviantart.net/fs71/f/2012/031/3/d/population_density_by_tzapquiel-d4o7mh9.png

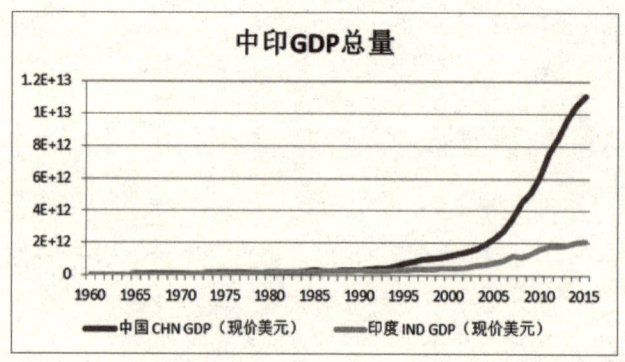

图 8-9 1960~2015 年中印 GDP 总量增长对比
数据来源：世界银行网站 http://www.shihang.org/

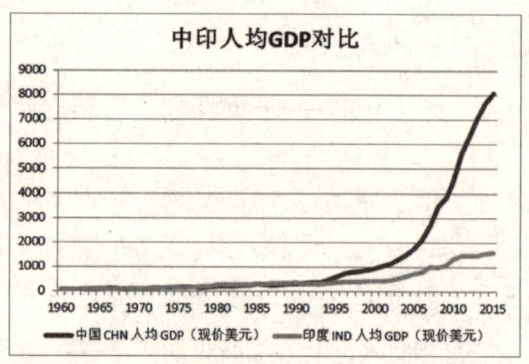

图 8-10 1960~2015 年中印人均 GDP 增长对比
数据来源：世界银行网站 http://www.shihang.org/

印度的发展曾经一度领先中国，但从 80 年代中期起就开始持续落后，与中国差距不断拉大（图 8-9，图 8-10）。究其原因，印度的体制弊端、种姓制度、宗教体系、高文盲率、落后的制造业、落后的基础设施等成为发展的重大阻碍，解决国内发展问题都困难重重，更难以想象有什么能力带动"季风计划"沿线国家的发展。

三、欧盟——容克计划

为推动欧洲消除欧债危机对增长和就业的影响，欧盟于 2014 年底出台了高达 3150 亿欧元的欧洲投资计划（The Investment Plan for Europe），由于欧盟委员会新任主席容克（Jean-Claude Juncker）是该计划主要推动者，因此又称"容克计划"（Juncker Plan）。

由于"容克计划"主要是投于基础设施的建设，因此与中国提出的"一带一路"倡议高度契合。中国对该计划相当关注，并于 2015 年 9 月表示愿意参加"容克计划"，提出将用 50 亿～100 亿欧元投资来支持"容克计划"，得到了欧盟委员会支持。2015 年 12 月 14 日，欧洲复兴开发银行发布声明表示接受中国成为其股东，中国正式成为欧洲复兴开发银行成员。作为欧洲复兴开发银行的一员，中国能更有力推动"一带一路"倡议与"容克计划"对接，在中东欧、地中海东部和南部及中亚等地开展多种形式项目投资与合作，实现中欧互利共赢。目前，"容克计划"正有序推进[①]。

[①] 欧盟"容克计划"对接中国"一带一路"，2016-11-08，来源：中国经济网。

一、人口分布

全球人口分布的空间形态,已呈现出在一些轴带部位集聚分布特征,这是构建全球格局的重要依据(图 9-1)。

二、资源分布

全球资源分布,是构建全球空间格局的第二个重要依据。

(1) 石油资源

全球石油资源分布极不均衡,主要分布于中东、南美、北美、欧洲、非洲。据 EIA(国际能源机构)统计,原油探明储量排名前 10 位的国家依次是委内瑞拉、沙特、加拿大、伊朗、伊拉克、科威特、阿联酋、俄罗斯、利比亚、尼日利亚(图 9-2)。

(2) 天然气资源

截至 2014 年底,全球已探明的天然气总量为 187.1 万亿立方米,主要分布在中东、欧洲及欧亚大陆地区。其中中东国家占 42.70%,欧洲及欧亚大陆占 31.00%,亚太地区占 8.20%,非洲占 7.60%,北美洲占 6.50%,中南美洲 4.10%(图 9-3)。

(3) 煤炭资源

世界煤炭资源的地理分布,以两条巨大的聚煤带最为突出,一条横亘欧亚大陆,西起英国,向东经德国、波兰、原苏联,直到中国华北地区;另一条呈东西向绵延于北美洲中部,包括美

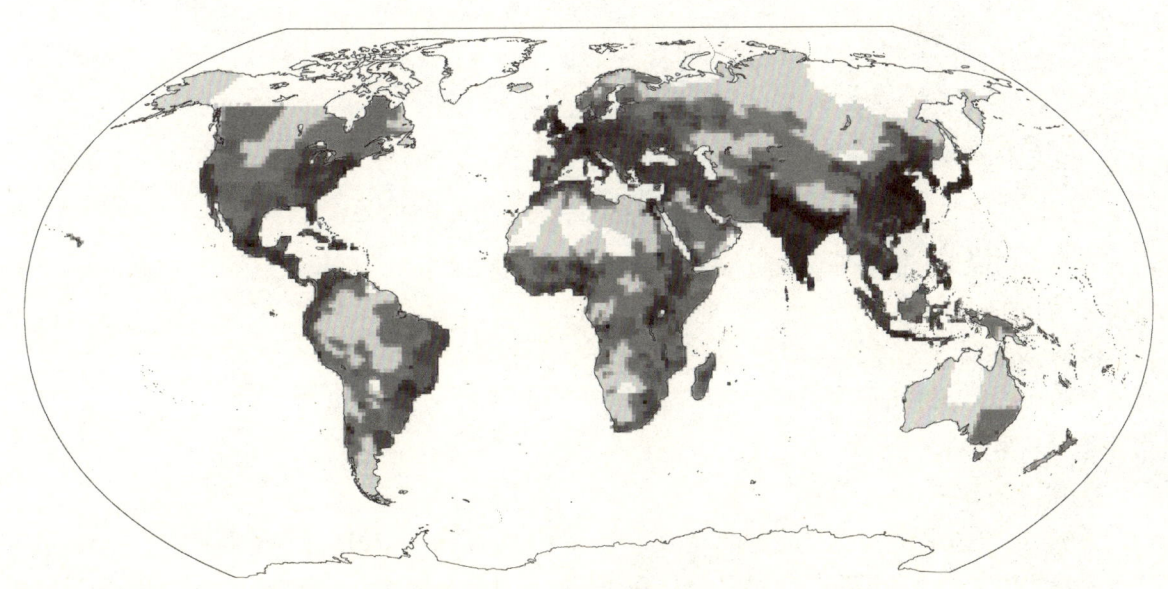

图 9-1 全球人口密度图呈现的连绵态势[①]

图 9-2 全球石油分布图（图片来源：搜狐财经矿业界）

图 9-3 全球天然气分布图（图片来源：搜狐财经矿业界）

国和加拿大的煤田。南半球煤炭资源也主要分布在温带地区，比较丰富的有澳大利亚、南非和博茨瓦纳（图 9-4）。

(4) 铁矿资源

目前铁矿主要分布于澳大利亚、巴西、俄罗斯、中国、印度、美国、乌克兰、加拿大以及南部非洲（图 9-5）。

(5) 铜矿资源

根据美国地质调查局公布的 Mineral Commodity Summaries 2015 中的数据统计，全球铜矿资源储量约为 7 亿吨（金属吨），主要分布在美洲、南部非洲、澳洲、欧洲、中国、中东等地区

图 9-4 全球煤炭分布图（图片来源：搜狐财经矿业界）

图 9-5 全球铁矿分布图（图片来源：搜狐财经矿业界）

(图 9-6)。

(6) 黄金资源

黄金资源分布较广，各大洲均有（图 9-7）。

对各类资源进行叠合分析，发现存在几个资源分布密集带，如东西向贯通欧亚大陆中轴的资源密集带、美洲西海岸资源密集带、南部非洲资源密集带。从资源叠合图看，资源分布与人口分布并不完全一样。这些资源地带可作为世界格局构建的依据之一（图 9-8）。

图 9-6 全球铜矿分布图（图片来源：搜狐财经矿业界）

图 9-7 全球金矿分布图（图片来源：搜狐财经矿业界）

三、宗教分布

全球宗教分布，对构建世界格局具有重要参考价值（图 9-9）。

基督教是包括天主教、东正教、新教（或耶稣教）及其他一些小教派的统称。今天几乎整个欧洲、北美和拉丁美洲、俄罗斯的远东部分和非洲南部一些地区、菲律宾和大洋洲等地区的民众都信仰基督教，现约有信徒 24 亿左右。

伊斯兰教在发展中分为逊尼派和什叶派两大主要派别，主要分布在西亚、北非、中亚、南

图 9-8 全球主要资源叠合图（图片来源：搜狐财经矿业界）

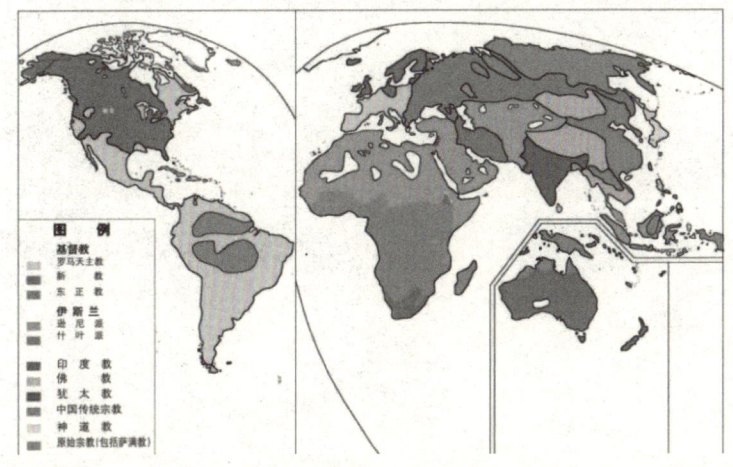

图 9-9 世界主要宗教分布图，地图出自：冲突与融合 历史上的伊斯兰教与基督教，《中国国家地理》2001 年 11 期

亚和东南亚等地区。全世界现约有 50 多个国家将伊斯兰教定为国教，信徒约有 17 亿。

印度教主要分布于南亚，目前大约有信徒 10 亿人。

佛教在全世界大约有 5 亿教徒。除中国外，朝鲜、日本、越南、蒙古、泰国、缅甸、斯里兰卡、柬埔寨、老挝以及俄罗斯西伯利亚、东南亚其他国家一些地区的群众也信仰佛教。

犹太教是世界各地犹太人的宗教，现全世界约有教徒 1500 万，主要分布于以色列和美国等国家[①]。

四、古文明格局

世界四大古文明发祥地分别为：古埃及文明、古巴比伦文明、古印度河文明、古华夏文明。几千年来人类文明发展历史所覆盖的区域，可作为全球空间格局构建的重要参考 (图 9-10)。

---

① Http://www.christiantimes.cn/news/20371

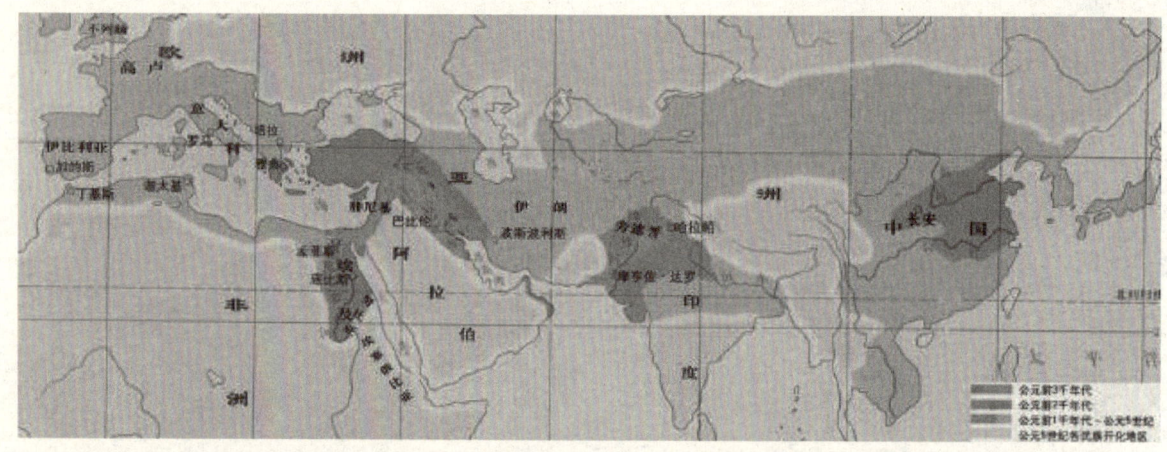

图 9-10 亚非欧古文明的发展（前 3000 年～前 500 年），来源：科学公园 (www.scipark.net)
http://www.360doc.com/content/14/1213/21/11955859_432704485.shtml

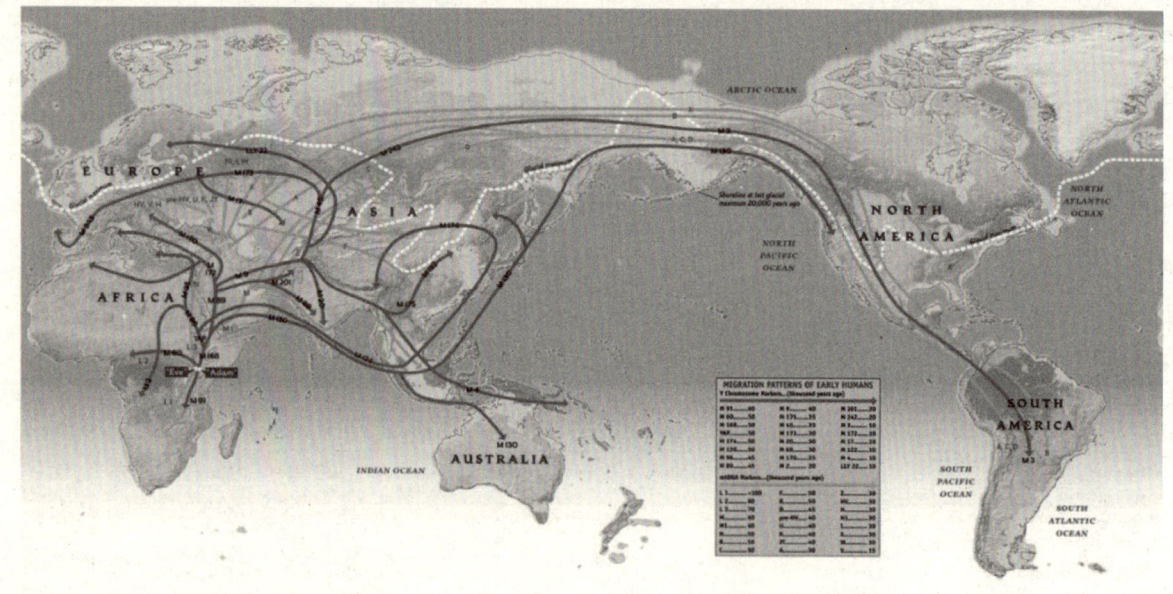

图 9-11 早期人类迁徙模式图
资料来源：http://www.utexas.edu/features/2007/ancestry/graphics/ancestry5_medium.jpg
（参考网址：http://www.utexas.edu/features/2007/ancestry/）
Source: National Geographic Maps, Atlas of the Human Journey.

五、早期人类迁移路线

早期人类迁徙的路线图给我们构建当今的全球格局提供了重要参考。

智人早在 10 万年前就出现于东非。大约 7 万年前，智人从东非迁徙到阿拉伯半岛，并逐渐席卷整个欧亚大陆。约 4.5 万年前，智人越过海洋，抵达了澳大利亚大陆。约 1.6 万年前，智人步行抵达美洲。

根据当今学界主流观点，现代智人同出一源，经过漫长的迁徙扩散到全球，迁徙路线呈现

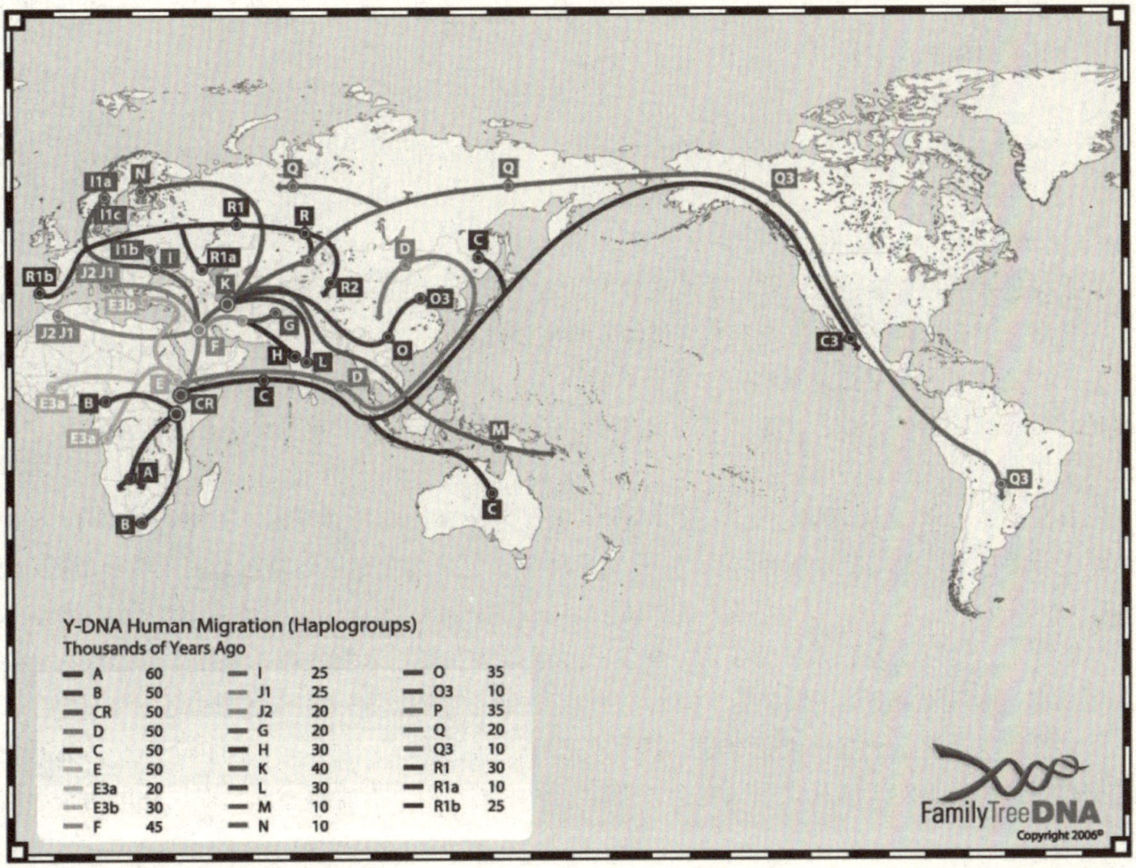

图 9-12 Y-DNA 检测人类迁移路径
http://www.kerchner.com/images/dna/ydna_migrationmap_(FTDNA2006).jpg
"Y-Haplogroup Projects and Websites", WorldFamilies.net(Where Genealogy meets DNA testing) http://www.worldfamilies.net/y-haplogroups.html
http://www.pro-classic.com/ethnicgv/vivi/Early%20Human%20Migration.htm

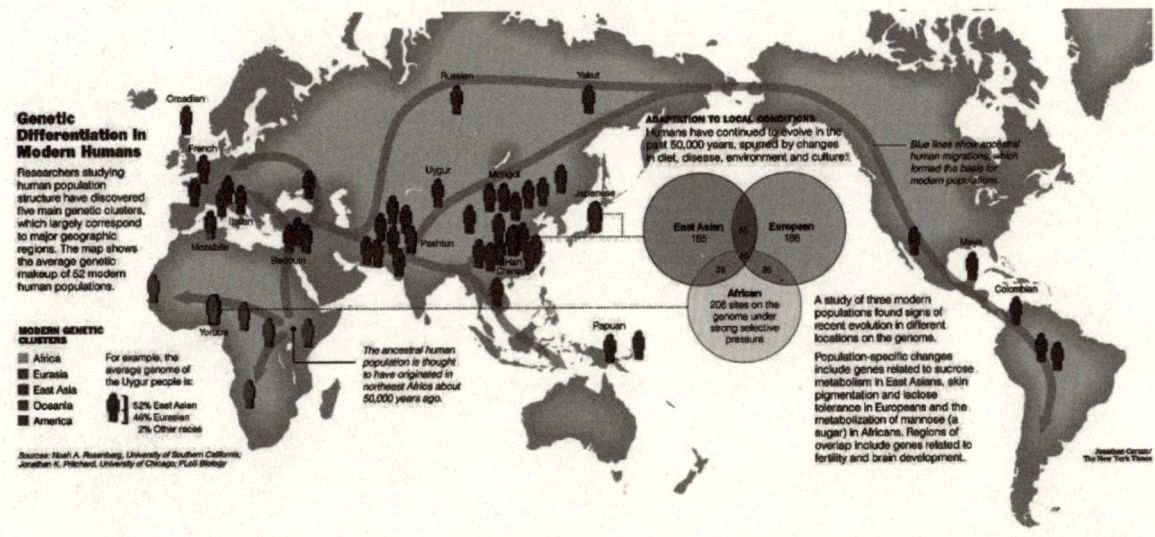

图 9-13 现代人类的基因分化及早期人类迁徙线
资料来源："Humans Have Spread Globally, and Evolved Locally", New York Times, 2007.06.24

出多通道的特征(图9-11~图9-13)。非洲、亚洲、欧洲是智人最早生活的区域。这与当今"一带一路"的格局形成对应。

六、交通

根据世界银行数据，铁路客运量波动较大，近年来出现回升(图9-14)。

铁路货运量总体上升，但也有较大波动(图9-15)。

航空客运量、航空货运量均持续上升(图9-16、图9-17)。2016年全球总货运量前20名枢纽机场分布在北美、西欧、中东、东亚四个板块，其中东亚板块占据8个，已成为全球航空枢纽最密集的分布区(图9-18)。

货柜码头吞吐量从2000年后，除2009年出现下降外，均持续增长(图9-19)。2017年上半年全球港口集装箱吞吐量前20位，东亚占据15席，已成为全球航运枢纽最密集的分布区(表9-1，图9-20)。

总体上，全球交通联系日益密切，航空、水运持续发展，东亚区域尤其是中国已成为全球空运及水运枢纽的最密集区域。

上述航空及海运数据，说明全球联系需求旺盛，东亚区域，尤其是中国在全球交通体系中占据首要地位，这对正确认识中国在全球空间系统中的作用具有重要意义，对以中国为枢纽构

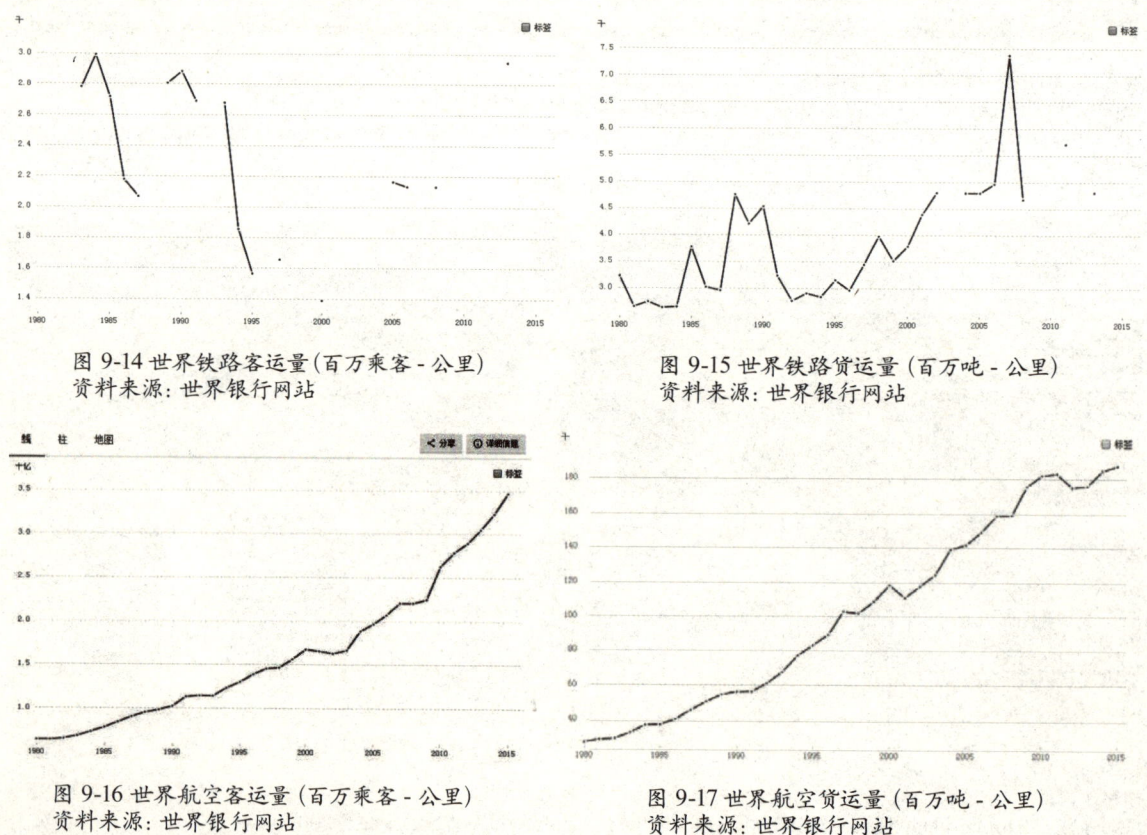

图9-14 世界铁路客运量(百万乘客-公里)
资料来源：世界银行网站

图9-15 世界铁路货运量(百万吨-公里)
资料来源：世界银行网站

图9-16 世界航空客运量(百万乘客-公里)
资料来源：世界银行网站

图9-17 世界航空货运量(百万吨-公里)
资料来源：世界银行网站

建一个基于陆路快速交通的全球交通系统形成支撑,这将有助于带动全球范围的互联互通。高铁技术将可以发挥重大作用。

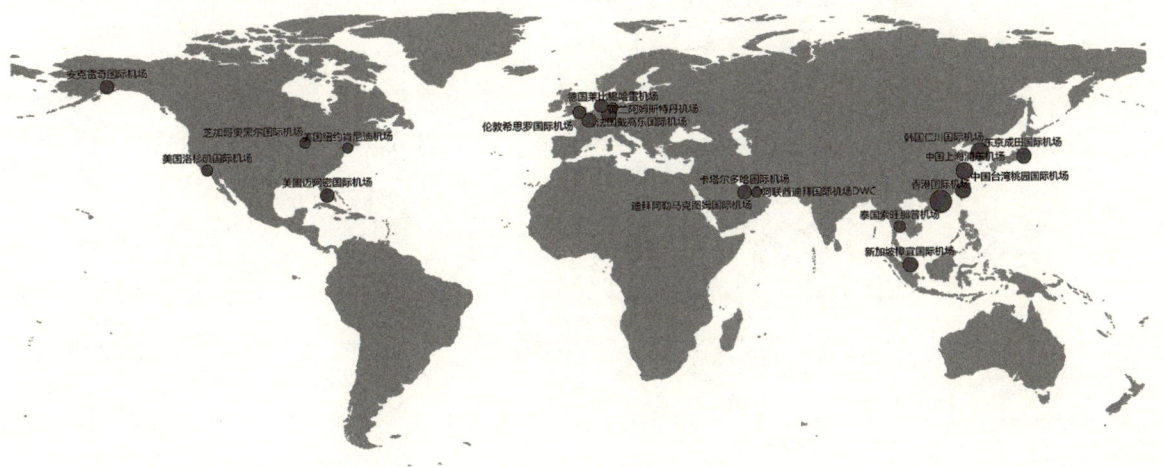

图 9-18 全球总货运量前 20 名枢纽机场分布图 (2016)

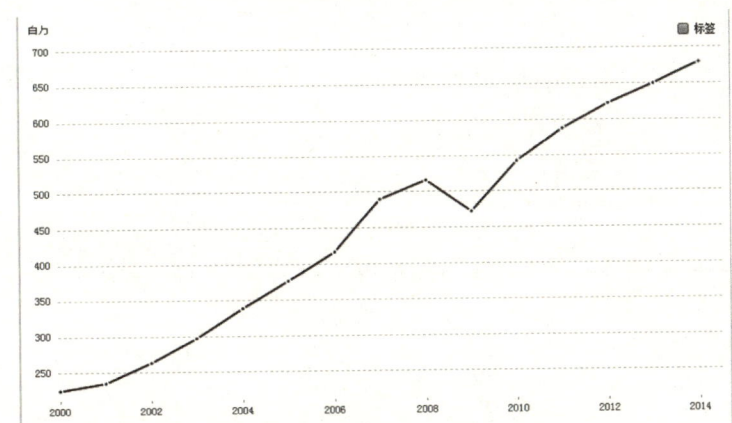

图 9-19 货柜码头吞吐量 (TEU: 20 英尺当量单位)
资料来源:世界银行网站

图 9-20 2017 年上半年全球 TOP20 集装箱港口分布图

表 9-1 2017 年上半年全球 TOP20 港口集装箱吞吐量排名及增速

排名	港口名称	集装箱吞吐量/万 TEU	增长率
1	上海港	1960	9.6%
2	新加坡港	1615	6.4%
3	宁波舟山港	1236	14.4%
4	深圳港	1187	3.8%
5	香港港	1019	10.8%
6	釜山港	1011	5.0%
7	广州港	963	11.7%
8	青岛港	909	1.8%
9	迪拜港	772	4.3%
10	天津港	742	2.2%
11	鹿特丹港	670	9.9%
12	巴生港	630	-2.5%
13	高雄港	598	1.5%
14	安特卫普港	514	1.9%
15	大连港	480	0.9%
16	厦门港	479	6.9%
17	洛杉矶港	448	8.4%
18	汉堡港	445	1.0%
19	丹蓉帕拉斯港	410	-4.0%
20	长滩港	345	5.1%

第十章　全球空间系统构建

①本书编写团队预测 2025 年前后中国成为世界第一大经济体。
②底图来源：世界人口密度图 (2012)
http://naglly.com/archives/2012/12/population-density-world-map.php, http://fc07.deviantart.net/fs71/f/2012/031/3/d/population_density_by_tzapquiel-d4o7mh9.png

一、理想格局及其问题——基于世界人口布局的空间格局

以现有全球人口分布密度为依据,以世界轴为主导形态,可以构建形成全球空间格局(图10-1、图10-2)。按理,这一格局应该就是理想的全球空间格局,可称之为"理想格局",也可称为"理想轴格局",因为它最大限度匹配了人口布局形态。但是,由于现实世界的复杂性、不同意识形态的差异性、斗争性,导致这样一个格局系统的形成会遭遇许多障碍,如印度对"一带一路"的"回避(拒绝)"、中东乱局的阻碍、美国的"亚太再平衡战略""印太战略"等。线路虽理想,实施却多障碍。所以,不得不改变思路。

此外,这样一套庞大的世界格局,如果没有一个协调有力的组织维护力量,极容易被破坏,更不说现实中本就存在各种破坏力量。

二、修正概念——基于现实矛盾的主格局

1. 主节点

中国,2030年后作为世界最大经济体①,由于发展理念和思想的包容性和强大的建设统筹能力、生产组织能力,是推动全球格局逐步实现的最佳角色。因此,在主结构中,有必要赋予中国为"主节点"的职能。

美国,是当前世界最强大的国家,本应发挥"主节点"或"主中心"作用,但由于其全球治理思想的问题而无法、不想带领世界共同发展。美国历来通过金融操作、军火贸易、石油控

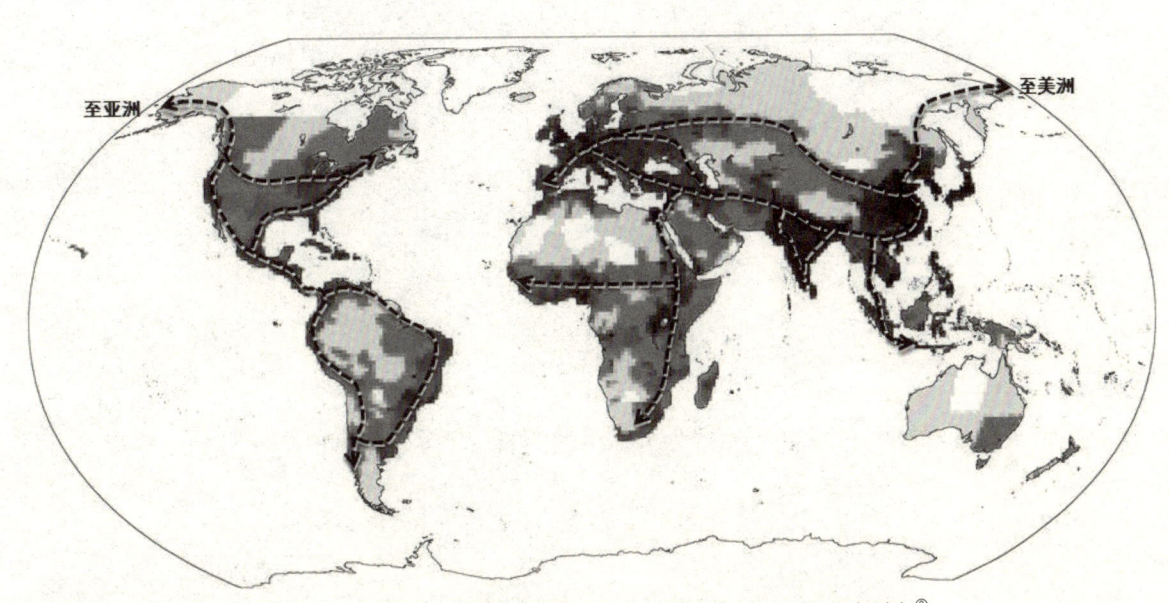

图10-1 基于世界人口布局的理想主轴格局图——横版(初始概念)②

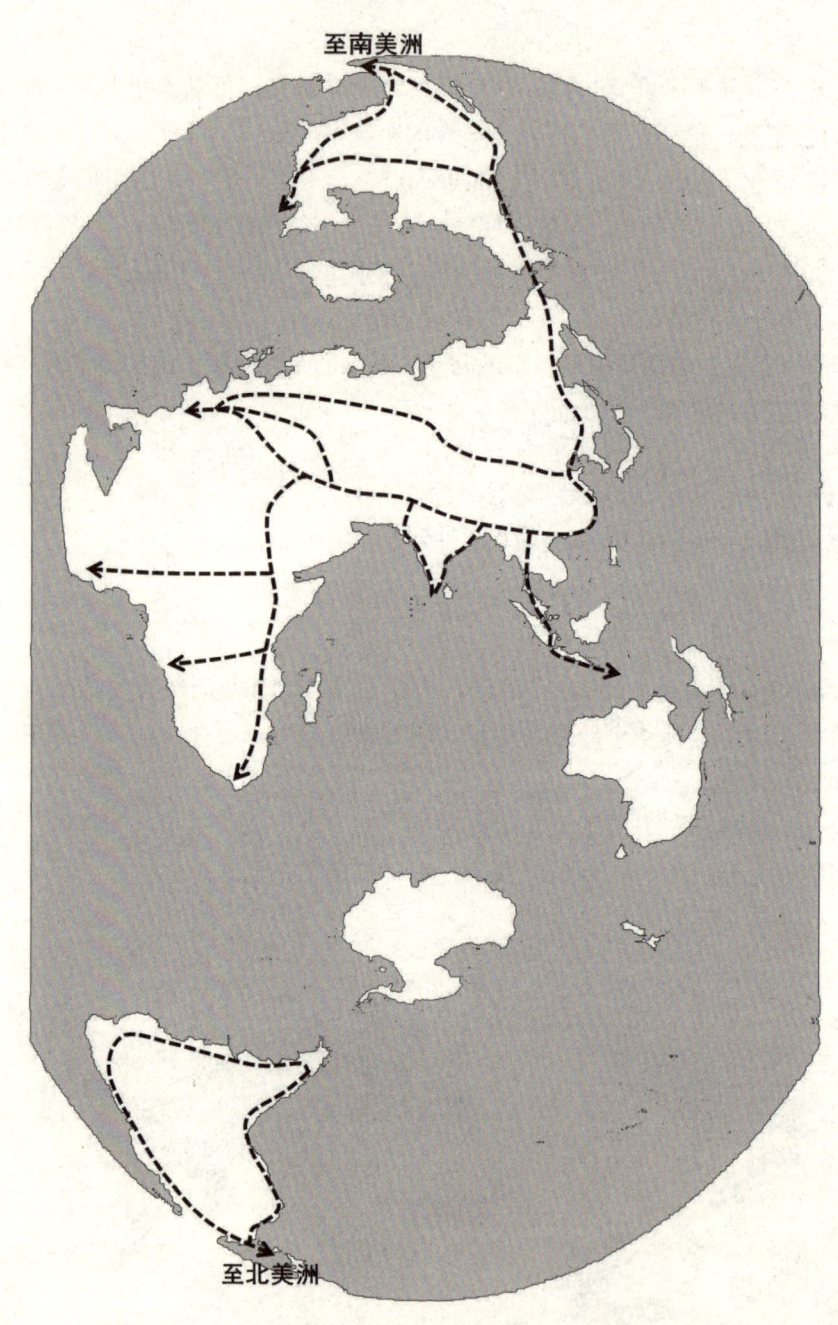

图 10-2 基于世界人口布局的理想主轴格局图——竖版（初始概念）

制等即可获取足够利益，并无意愿带动世界共同发展，我们能够见到的是处处战乱；又由于其实体经济衰退，它也难以有效组织世界格局的建设；并且，随着世界"去美元化"浪潮的冲击，美国极有可能陷入总体性衰退，难以发挥应有的作用。

既然确定了主节点，那么就需要从主节点发挥作用的角度，对基于世界人口的"理想轴"格局进行校核修正。

2. 障碍区与绕行线

对全球理想格局构成障碍的主要为中东等地区。为规避中东等的乱局，可以将理想轴的部分轴段暂缓实施，采取"战略绕行"措施，回避矛盾区域。先行发展非障碍区，为远期化解"障碍区"矛盾提供保障。这将产生 3-4 条战略主轴（图 10-3）：

①由陇海-兰新线直接连通中亚、欧洲；②由喀什分出一根轴，经巴基斯坦瓜达尔港接非洲吉布提，然后向南、向西接续非洲大陆主轴；③由云南分出一根轴，经缅甸实兑港、经印度洋接非洲吉布提，然后向南、向西接续非洲大陆主轴；④远期可经中南半岛拉通中马线（中国-马来西亚）等。

以上 4 轴，将串联欧亚非大部分人口及市场区域，因此，有必要向北拉通中蒙俄线、中俄线，将蒙、俄的资源密集区与三大洲其他区域联通。

3. 辅节点

与轴带体系相衔接，还需配置若干节点体系，包括俄罗斯莫斯科节点、欧洲西北节点（巴黎-伦敦区域）、非洲吉布提节点（备选肯尼亚蒙巴萨节点）、北美纽约节点、洛杉矶节点、南美哥伦比亚波哥大节点、巴西圣保罗节点等（图10-3）。

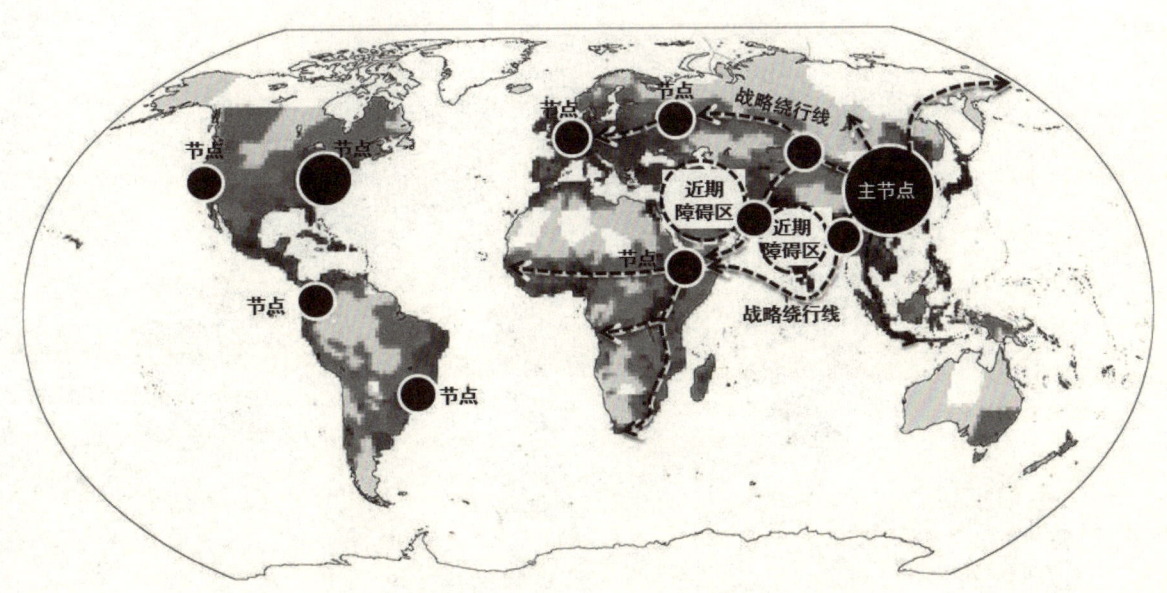

图 10-3 世界格局主节点＋辅节点＋绕行线体系格局图（过程概念）

4. 新型世界城市体系

(1) 基于金融资本的"世界城市体系"的本质与特征

1960年代后,由于资本主义进入"金融资本主义"阶段,因此,"金融控制"成为资本主义世界城市体系的基本特征,其本质是金融资本的牟利工具。

代表性人物弗里德曼与沃尔夫(1982)指出:世界城市是全球经济的控制中心,其指标包括:主要金融中心、跨国公司总部、国际性机构集中度、商务服务部门集聚度、重要制造业中心等。其中的金融中心是首要职能,与跨国公司、国际性机构等共同维护价格壁垒、技术壁垒、贸易壁垒等基本规则,保证资本获取利润。而资本主义金融机构的职能,并不是纯粹的金融服务,而是存在大量金融投机,如历次金融危机的发生,都是人为造成的,其目的无非是攫取投机利益,却置世界发展于不顾。此外,政治、军事手段也常被用于维护资本集团利益。

(2) 基于"合作共赢"的新型世界城市体系展望

未来中国倡导的"一带一路"世界体系,并不以金融投机为赢利手段,而是以合作共赢、共同创造、享用财富为手段。因此,对世界进行"剥削式控制"的金融中心已没有意义,将会逐步消失。世界将进入一个新的发展阶段:社会生产日益繁荣,社会财富极大丰富、财富为人服务和享用。所有城市都将成为"新世界城市体系"的一员。

未来新型世界城市将呈现三大特征:

① 全球普及化、覆盖化 由于"世界轴"体系的构建,未来的新型世界城市数量及全球覆盖率将极大提高,因为城市与世界联通的方式将不再依托"交通枢纽"的点式体系,而是依托"世界轴"的轴带体系。在轴带上的城市都将具有世界性联通能力,从而具有参与世界性活动的能力。比如成都、重庆依托中欧班列都大大提升了各自的世界经济参与能力。未来的世界城市将是一带、一带地出现,而不是散乱无关的点群。

② 功能多样化、专精化 未来世界大量物质产品的生产将逐渐实现自动化、智能化,精神产

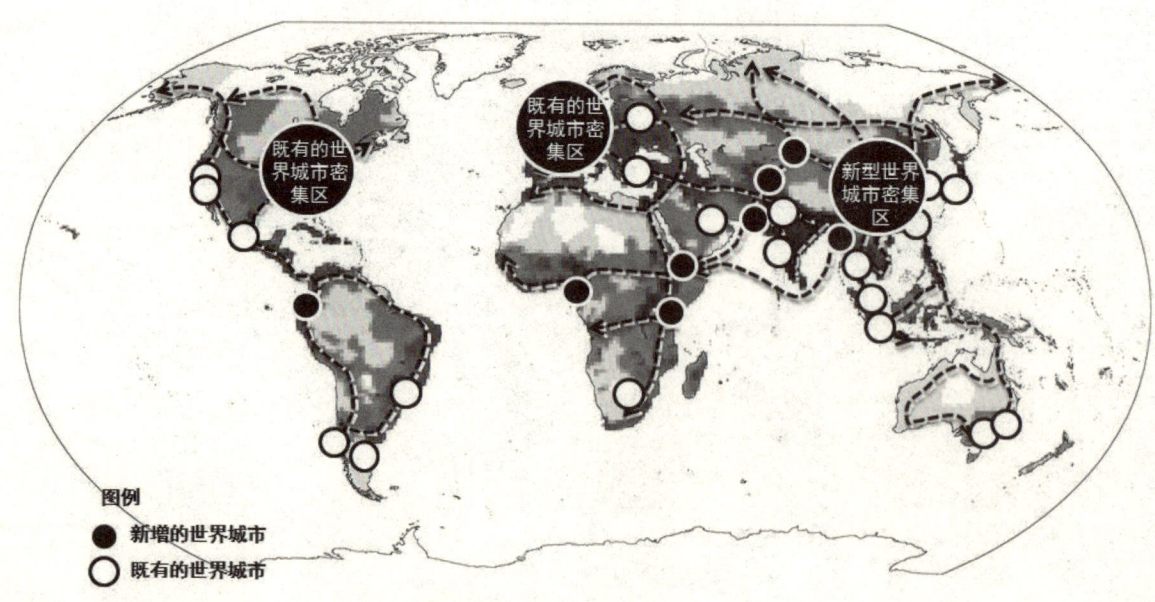

图 10-4 新型世界城市体系

品生产将日益重要和丰富。同时，由中国倡导的一带一路建设，以合作共赢为宗旨，不同国家和地区间的交流、了解、学习成为重要的世界性活动。因此，新一代世界城市的人文职能、服务职能、交流职能将日益增强。并且，新型世界城市将不再仅仅是综合型的，也将出现大量专精型世界城市，例如以管理服务为职能的服务中心、以科技研发为职能的科创中心、以物质财富生产为职能的制造中心、以文化财富生产为职能的人文中心、以旅游休闲为职能的旅游服务中心等。

③形态巨构化、整体化 每一个新型世界城市将既是所在区域服务中心，也是对外连接世界的节点，所有世界城市依托共同的世界轴，形成一个超级巨构化的全球结构，打破了传统世界城市的非空间性(所谓的"网络社会"、"流空间"的随机连接性)、割裂性、孤岛性、精英性、功利性、垂直性等缺陷，突出本地性与区域性、与世界性的融合，突出集成、互联、开放、服务等特性。

(3) 新型世界城市的定义

本书提出新型世界城市的定义为："新型世界城市是指能够参与世界政治、经济、文化等活动的各级各类城市。"

(4) 体系构成

①"世界轴"："世界轴"的狭义概念是指全球陆路交通主轴或海陆复合主轴，广义概念是指全球空间发展的集聚轴，全球陆路交通轴、全球航空枢纽港、全球海运枢纽港均围绕该轴布局，信息网络体系也服务于该轴。

②中国的世界城市：基于中国的主节点地位，未来中国将诞生大量的新型世界城市。

③全球各分区板块的世界城市：全球各分区板块中，目前由勾可(GaWC)体系定义的世界城市基本仍将保留，但金融控制职能衰退。

另需新增若干其他重要部位的世界城市(参考文化分区和宗教分区)。具有先期发展条件的新型世界城市主要包括：新疆喀什、巴基斯坦瓜达尔、缅甸实兑、吉布提吉布提(或备选肯尼亚内罗毕)、尼日利亚拉各斯(或喀麦隆雅温得)、哥伦比亚波哥大等，后续随发展还会出现更多的世界城市。

三、辅格局

(1) 海陆锚点体系

在主要陆轴的海陆衔接点，布局海陆锚点体系(全球货运枢纽港)(图10-5、图10-6)。

(2) 航空枢纽体系

未来的全球航空枢纽体系，将会在目前基础上继续加密，尤其是在新发展区域，包括中亚、南亚、中东、非洲。

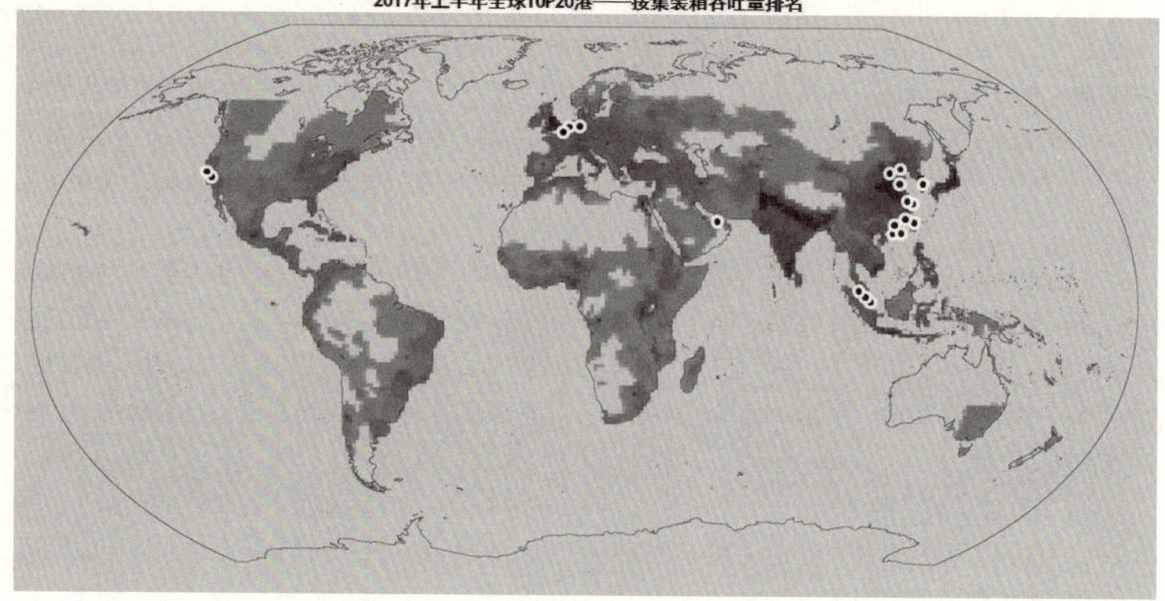

图10-5 2017年上半年全球TOP20港——按集装箱吞吐量排名

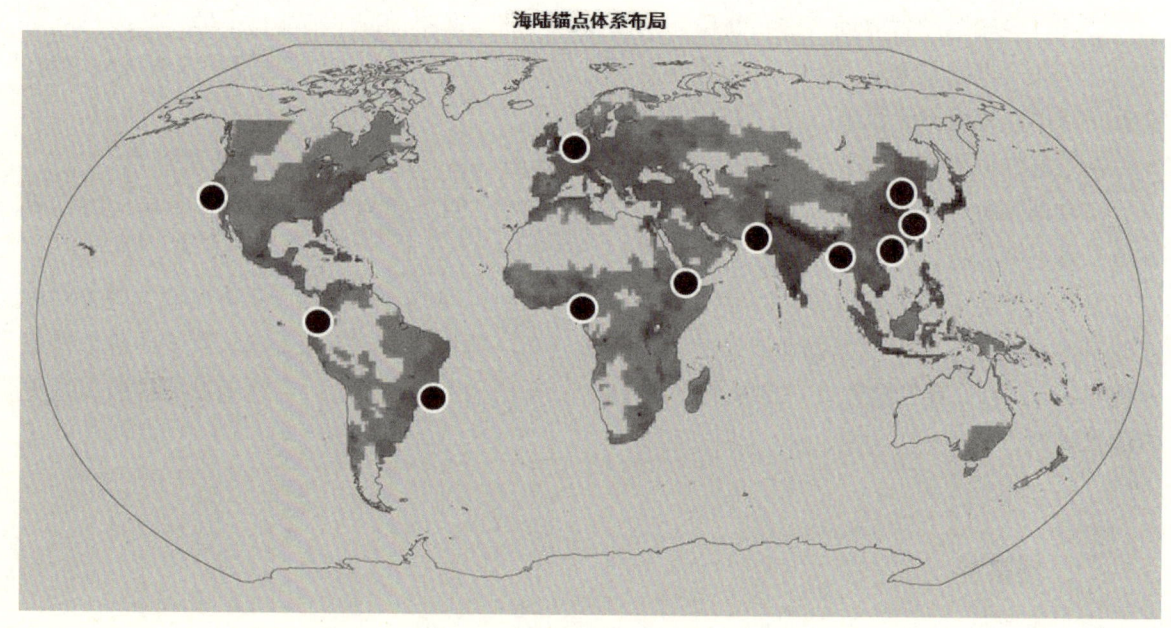

图10-6 未来的全球海陆锚点体系布局

(3) 科创中心体系

基于现有科创能力，预计未来全球将形成中、美、欧三大创新区域（图10-7）。

(4) 资源辅轴格局

以资源分布为依据，可构建资源轴格局（图10-8）。

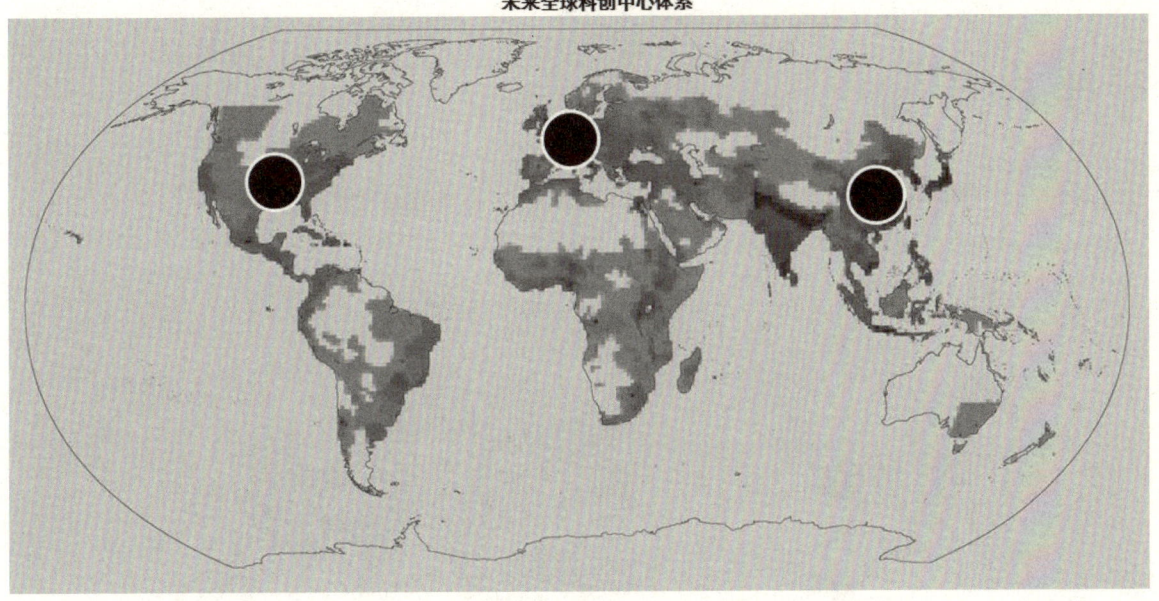

图 10-7 未来全球科创中心区域

图 10-8 资源辅助轴

四、总格局

整合上述概念，可形成全球空间系统总格局（图10-10、图10-11）。

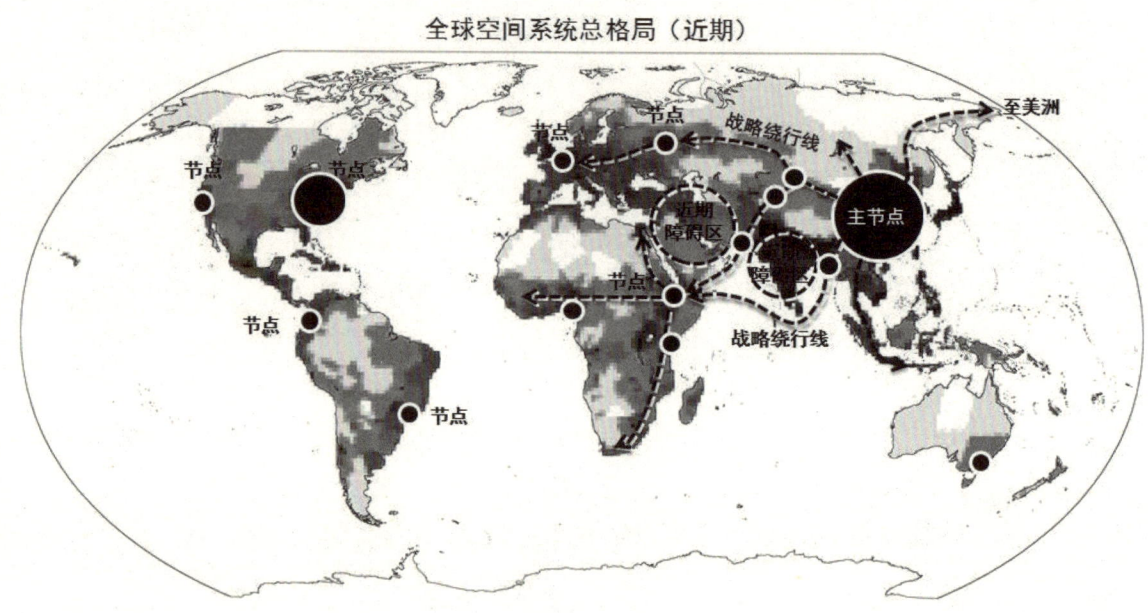

图 10-9 全球空间系统总格局（近期）

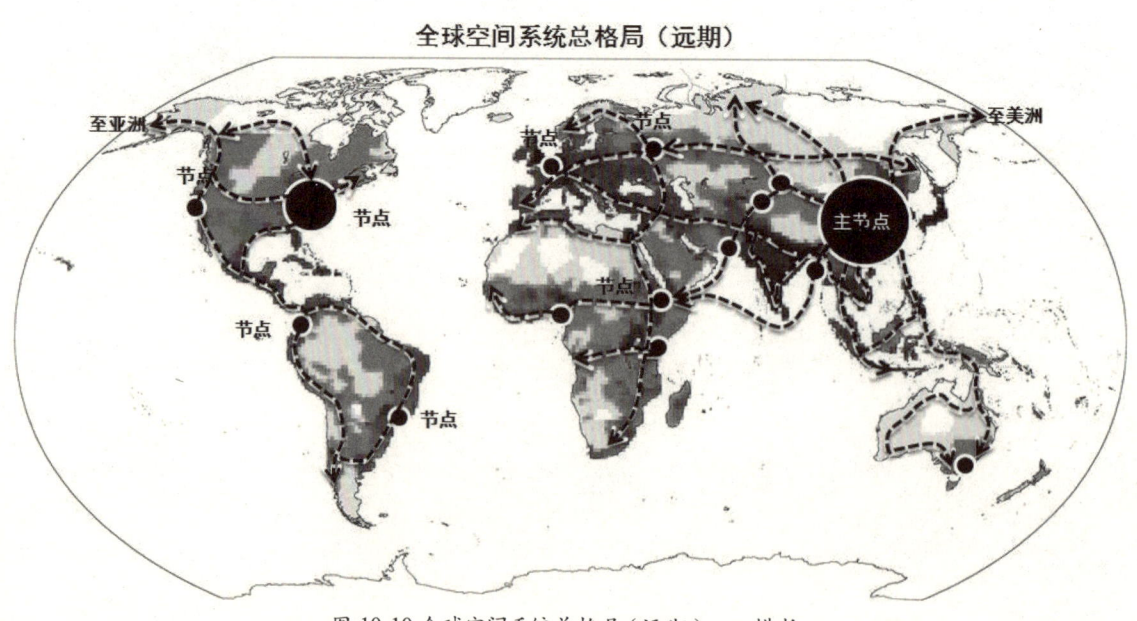

图 10-10 全球空间系统总格局（远期）——横版

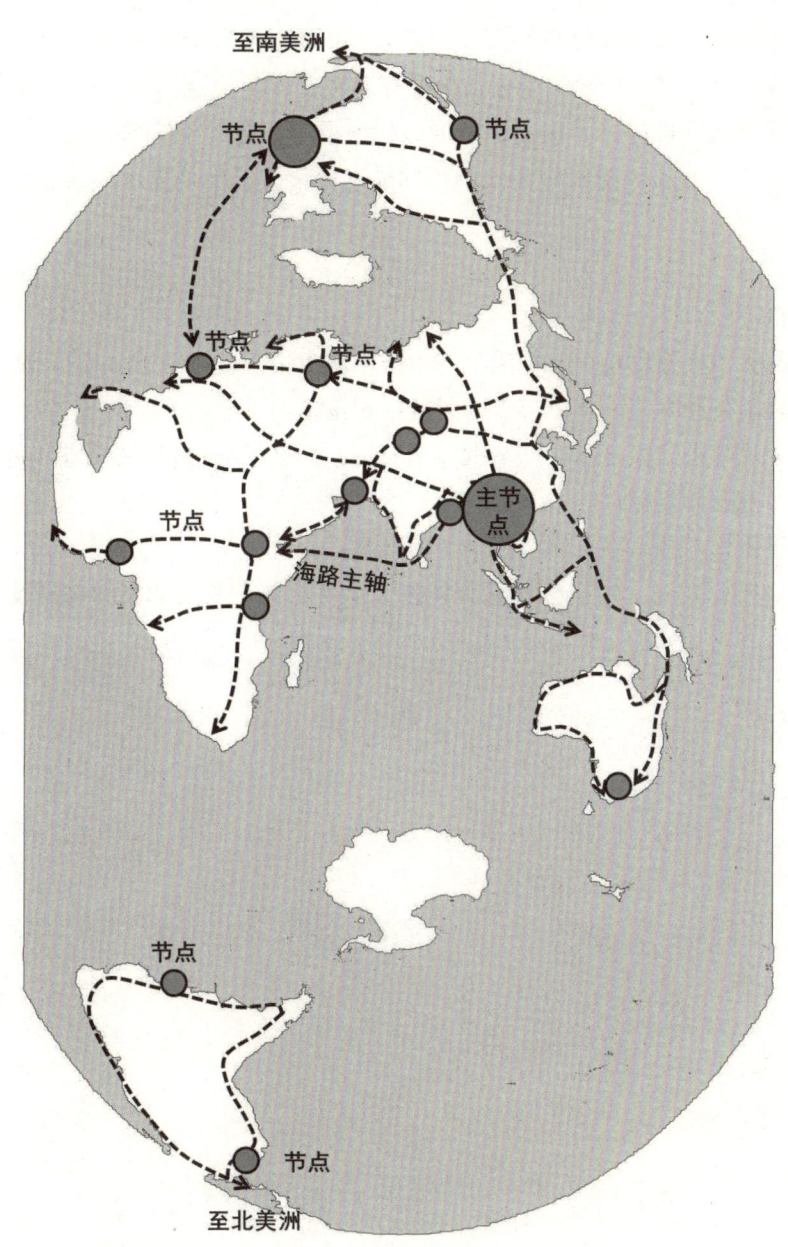

图10-11 全球空间系统总格局（远期）——竖版

131

五、测评指标

1. 指标的作用

本研究并不具备进行定量分析和测评的必要,因为这属于格局构建,是系统关系思维、空间几何关系思维,讨论多么精确的量化指标没有意义。

但是,很多学者、部门总希望用具体的指标做要求。为便于这部分学者、部门理解,本研究也可以用定量方式对整体结构构建一个指标描述框架,仅仅是描述框架而已,核心思想早已解决了。

2. 指标构建

世界主轴的人口集聚度指标——沿轴城市群、城市带人口占全球总人口比例;

世界节点辐射度指标——每个节点辐射的区域范围;

世界主轴的城市群集聚度指标——世界主轴每千公里串联的城市群(带)数量;

航空枢纽布点密度指标;

海陆衔接度指标——海港枢纽与陆轴的衔接度;

本书目前并不需要对上述指标进行具体测算,可留待未来全球空间格局发育后再行测度。未来也可根据需要增加新的指标。

第十一章　中国对接"全球空间系统"
——国家空间系统2.0

一、"国家系统"主流认知——从城镇体系到"两横三纵"

"国家系统",也称"国家空间系统",是作者最早在清华大学做博士研究时提出的,可称为国家系统的1.0版本,目前尚未成为业界主流概念。目前业界关于国家空间体系的主流概念是"全国城镇体系"、"国家城市化战略格局"。

2005年中国城市规划设计研究院编制的《全国城镇体系规划》,将全国空间结构规划为"一带八轴多中心",采用了大都市连绵区、城镇群等空间单元(图11-1)。

2013年12月12日,中央城镇化工作会议提出了"两横三纵"国家城市化战略格局,其中在中西部和东北有条件的地区,逐步发展形成若干城市群,成为带动中西部和东北地区发展的重要增长极。

该战略格局,基本上是"全国城镇体系规划"的延伸,空间结构概念采用了"城市化地区",这对空间结构的包容性更广。

二、国家空间系统1.0

"国家空间系统"(1.0)的理论框架形成于笔者2002年在清华大学攻读博士学位期间,然

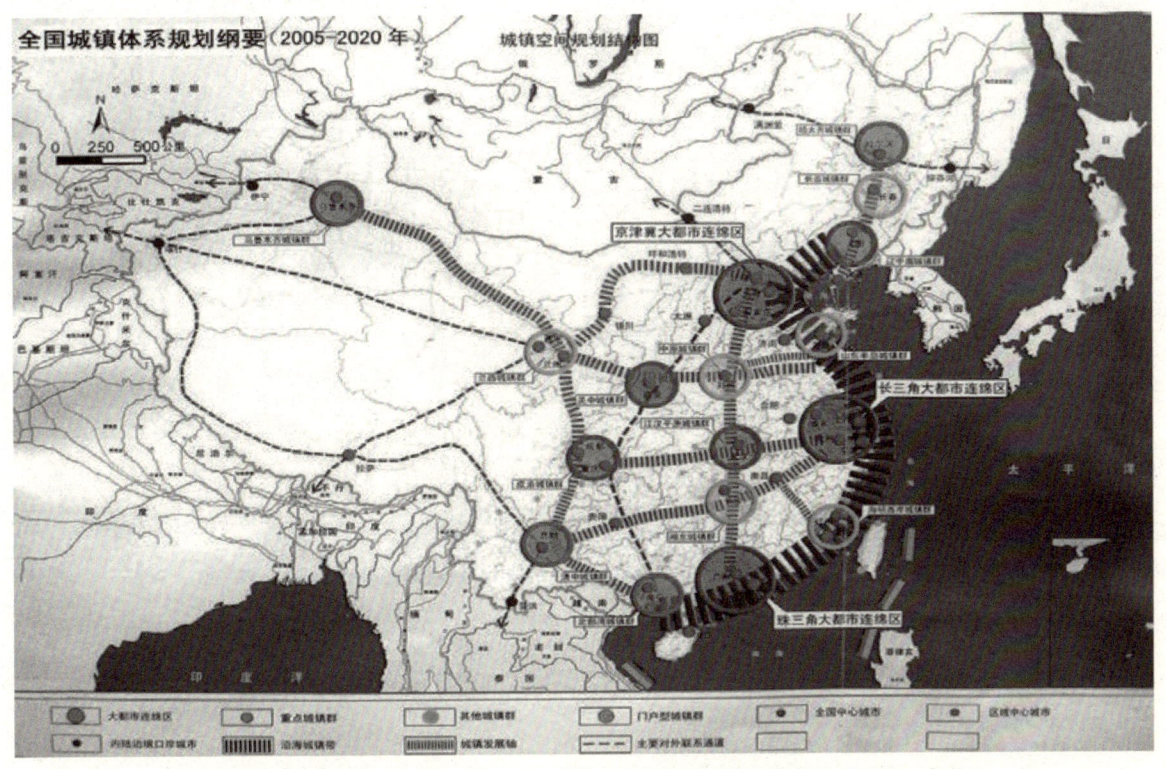

图11-1 全国城镇体系规划纲要——城镇空间结构图(中国城市规划设计研究院)

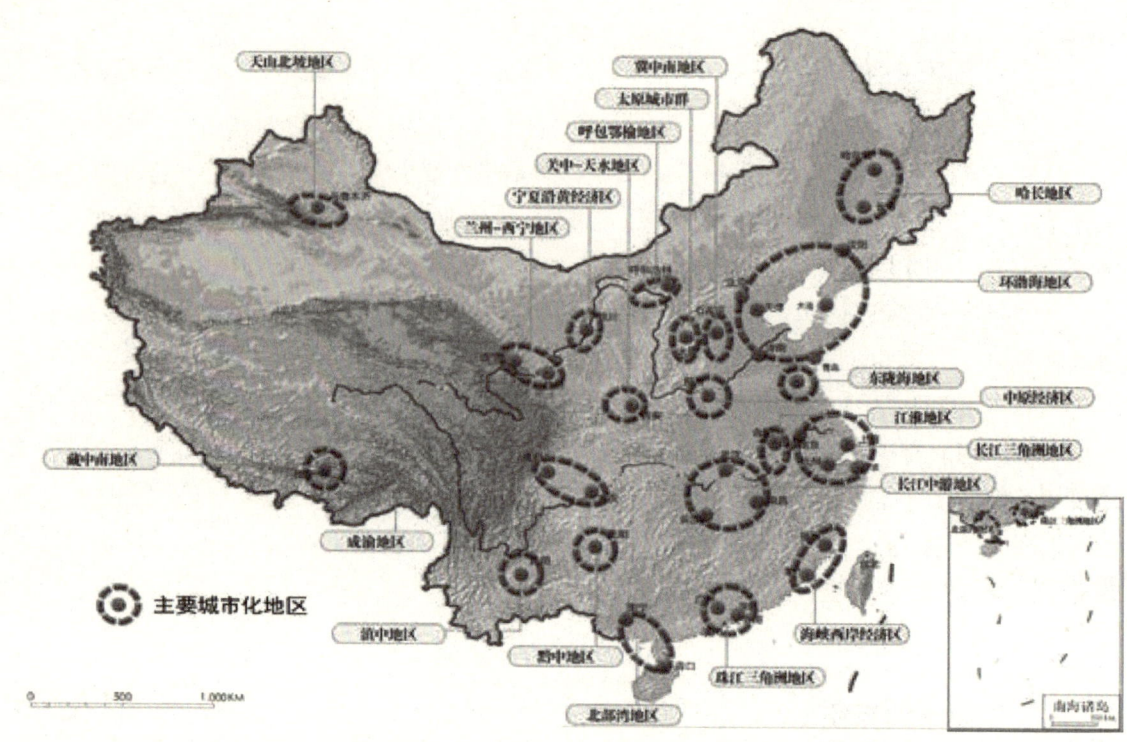

图 11-2 国家"两横三纵"城市化战略格局

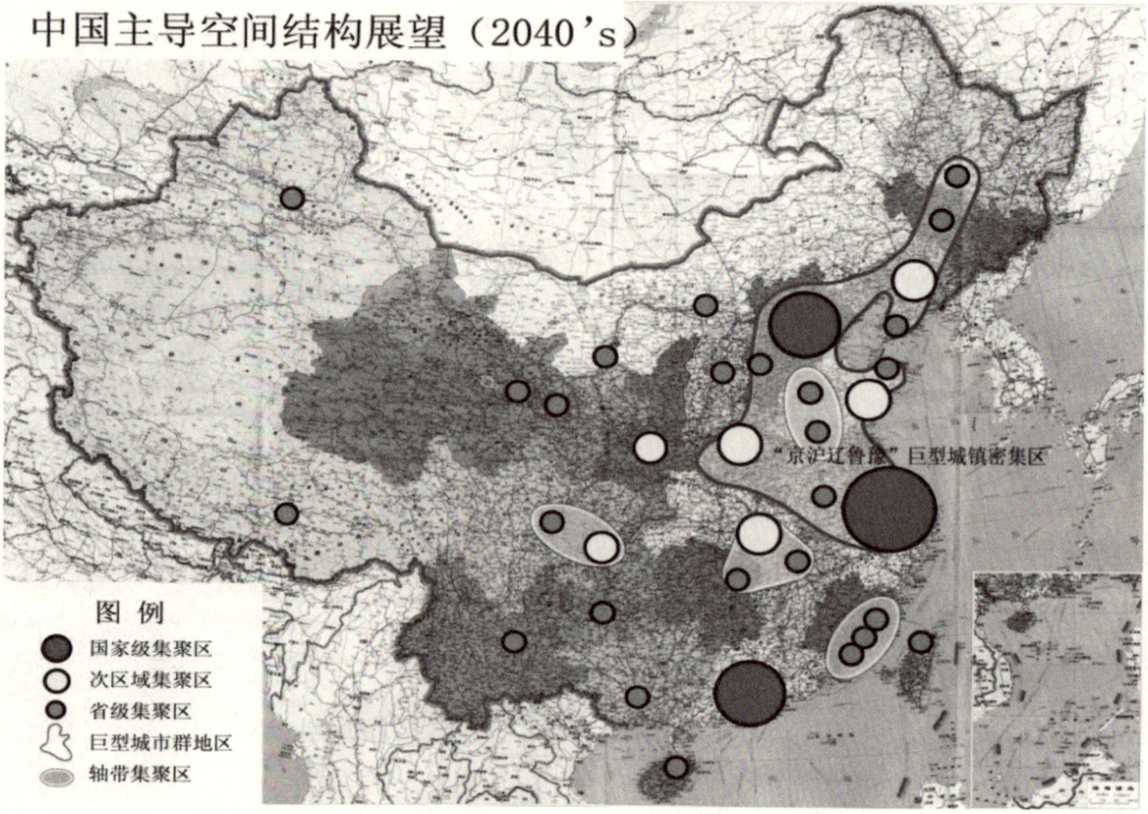

图 11-3 国家空间系统 1.0——未来国家空间系统主导结构（集聚区）展望

136

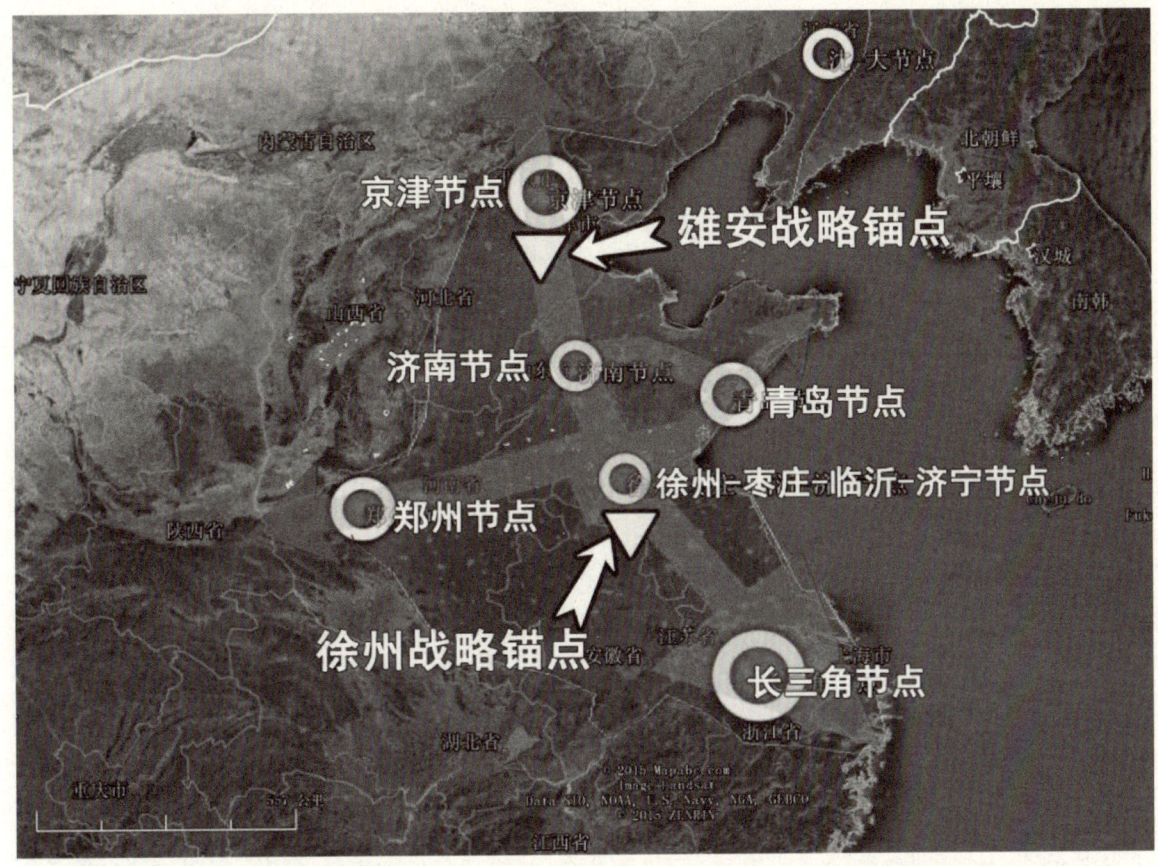

图11-4 2040年中国国家空间系统"京沪鲁豫"结构预测及2017年两大战略锚点的落定(雄安、徐州)

后在同济大学博士后流动站继续进行研究，2006年完成博士后工作报告，2015年8月出版《从城镇体系到国家空间系统》专著，系统论述了国家空间系统理论，并展望了2040国家主导空间结构、发现了京沪鲁豫城镇密集区，提出了"京沪鲁豫"大十字概念。

从"全国城镇体系"到"国家空间系统"的重大突破，在于把全国城乡空间作为空间系统构建的整体单元；在于城市群的生长必然伴随着中低层城镇体系的衰退，是一个此长彼消的过程；在于空间单元超越了城市群层面，以"空间系统"作为更一般性的技术用语。国家空间系统除继承了"全国城镇体系"的若干城市群格局外(采用的是"集聚区"术语，图11-3)，独创性地提出了"京沪鲁豫"大十字结构。如今，该结构已得到两个关键锚点的验证——雄安、徐州。

2017年4月1日，国务设立雄安新区。

2017年6月16日，徐州定位提升为"淮海经济区中心城市"——见：国务院关于徐州市城市总体规划的批复："徐州是国家历史文化名城，全国重要的综合性交通枢纽，淮海经济区中心城市。"

雄安、徐州这两个点，处于"京沪鲁豫"大十字的北节点和十字交叉点，尤其是徐州地位的提升，具有结构锚点的作用，大十字结构基本得以固定。

三、国家空间系统 2.0

1. 南北格局创新——打通亚洲南北干线

纵览亚洲，北部俄罗斯资源丰富、人口稀少，中部中国经济迅速发展、人口众多，南部印度和东盟人口众多、市场潜力巨大。然而目前，还缺乏贯通亚洲南北的干线通道。未来可从俄罗斯境内的欧亚大陆桥，接蒙古的乌兰巴托，再向南接入中国，经太原、郑州、武汉，再分别指向香港和台湾；另一路经西安 - 成都 - 昆明，再通向东盟国家，形成亚洲大陆南北主干线（图11-5、图 11-6）。

2. 欧亚大陆桥东部扇区连接

欧亚大陆桥东起中国连云港，西到荷兰鹿特丹，是贯通欧亚的重要通道。当前，新欧亚大陆桥已经出现运力不足现象。未来随着"一带一路"倡议的实施和亚欧联系增强，现状新欧亚大陆桥将更显单薄，需开辟新的通道。可结合中国东中部密集的铁路网，形成东部的扇区连接。

3. 东西格局创新——兰新线沿线区域规划创新

"一带一路"格局打通后，新疆地区将成为面向中亚、中东的前沿门户区域，兰新沿线应发展成为功能性地带。然而兰新沿线干旱、少雨的气候和大片戈壁、沙漠的自然条件，对发展造成很大制约。围绕此问题，可形成针对性创新。

目前国内学者在研究的"西线调水"方案、"沙漠变良田技术[①]"以及"天河工程[②]"等，为兰 - 新沿线地区发展带来了新的想象空间。如打通水源供给通道，可以在大西北干旱地区逐步实现沙漠土壤化、提高蓄水能力、促进植被和生态系统发育、逐步实现绿洲化、逐步改变气候系统，大西北很有可能从大片不毛之地变为连绵绿洲，大量人口及产业向西北布局就成为可能。从而为世界主轴"兰新段"提供人口和产业支撑。

4. 中 - 非格局创新

非洲 2011 年已有 10 亿人口，2008 年联合国预测非洲人口在未来 40 年内将达到 20 亿人，并且非洲资源丰富，发展潜力巨大。依据近期可实施的轴带格局，中 - 非之间可采用"陆 - 海 - 陆"的多式组合轴方式，实现主轴网贯通（图 11-7）。

5. 国家空间系统 2.0 格局展望

与国家空间系统 1.0 格局相比，2.0 版本是在全球格局背景下进行升级构建的。在 2.0 格局下，将新增如下轴带（图 11-8）：

陇海 - 兰新线国家级功能发展带；

东北 - 俄罗斯 - 美国功能发展带；

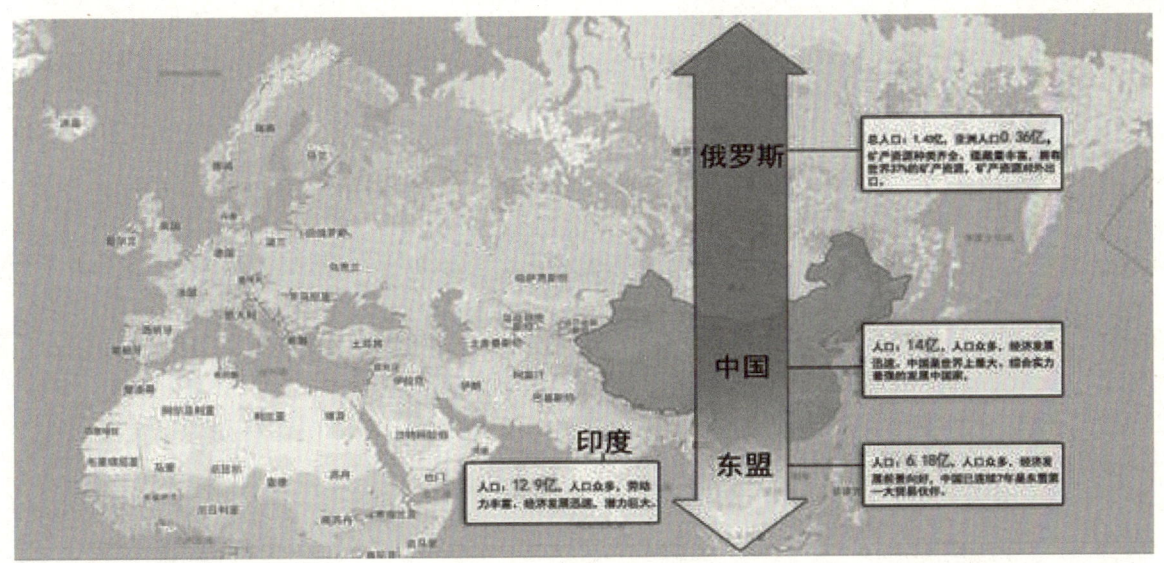

图 11-5 打通亚洲南北干线的必要性分析

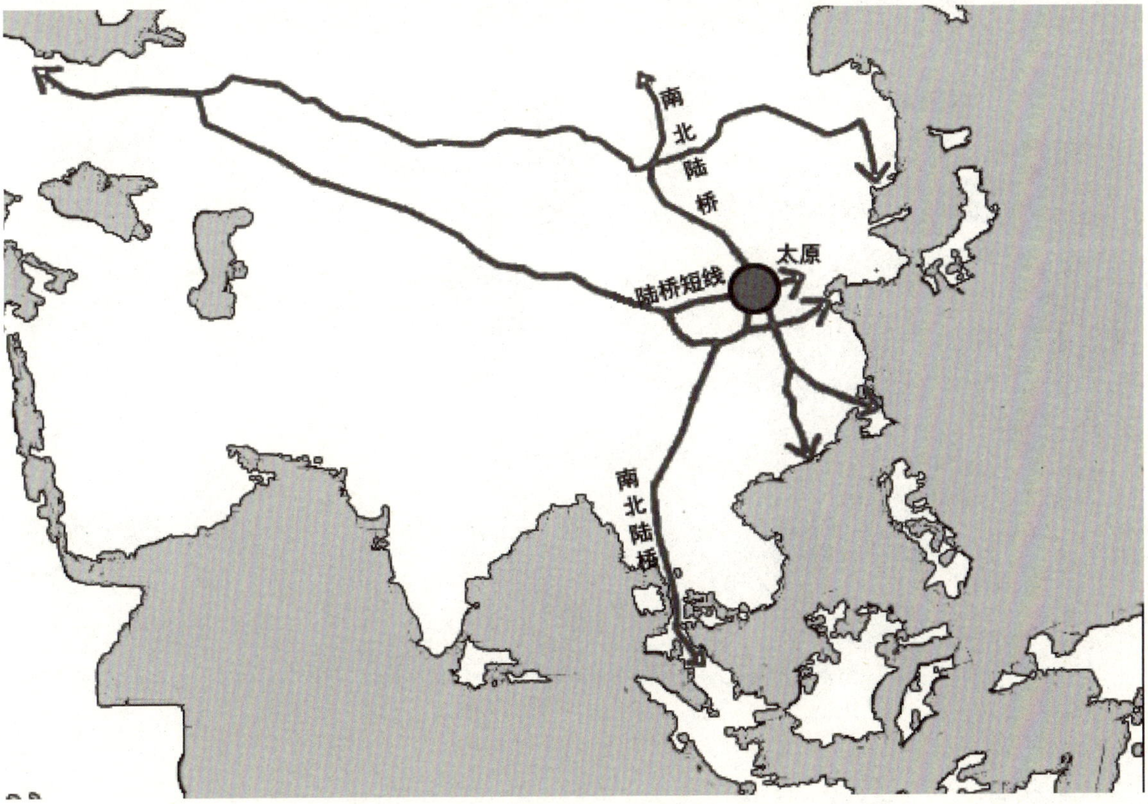

图 11-6 亚洲大十字的构建

① 易志坚. 沙漠"土壤化"生态恢复理论与实践. 重庆交通大学学报（自然科学版），第 35 卷增刊 1，2016 年 11 月。该技术的实施需要充足供水的保障。实地试验所处的"乌兰布和沙漠的地下水资源十分丰富（储备容量约 57 亿 m³），试验用于沙子'土壤化'和植物灌溉的水均来自地下水"。因此，兰新沿线的发展，仍需要破解供水难题。但另一方面，即便在沙漠的纵深地带，也发现了大量水泊的存在，借助易志坚的"沙变土"技术，可以逐步实现蓄水、植被发育，逐步实现绿洲化，逐步改变气候系统，大西北很有可能发生翻天覆地的变化，从不毛之地变为连绵绿洲，大量的人口向西北迁移基本成为可能。
② 王光谦，钟德钰，李铁键等. 天空河流：发现、概念及其科学问题. 中国科学：技术科学，2016，46: 649~656.

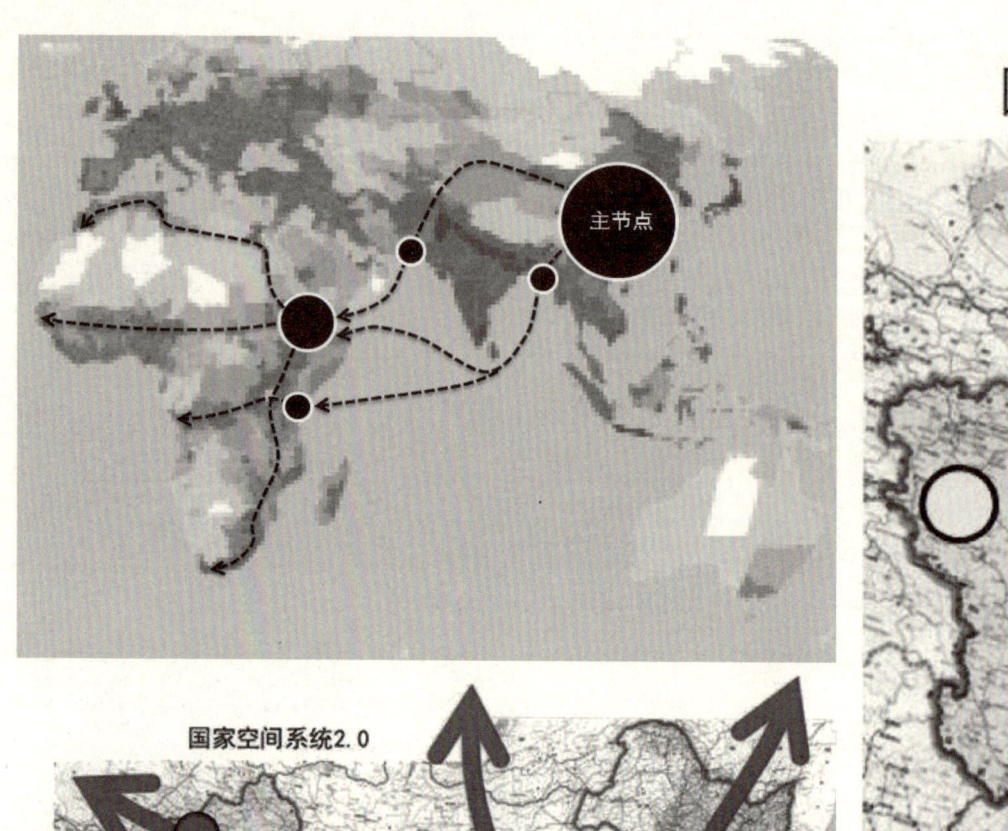
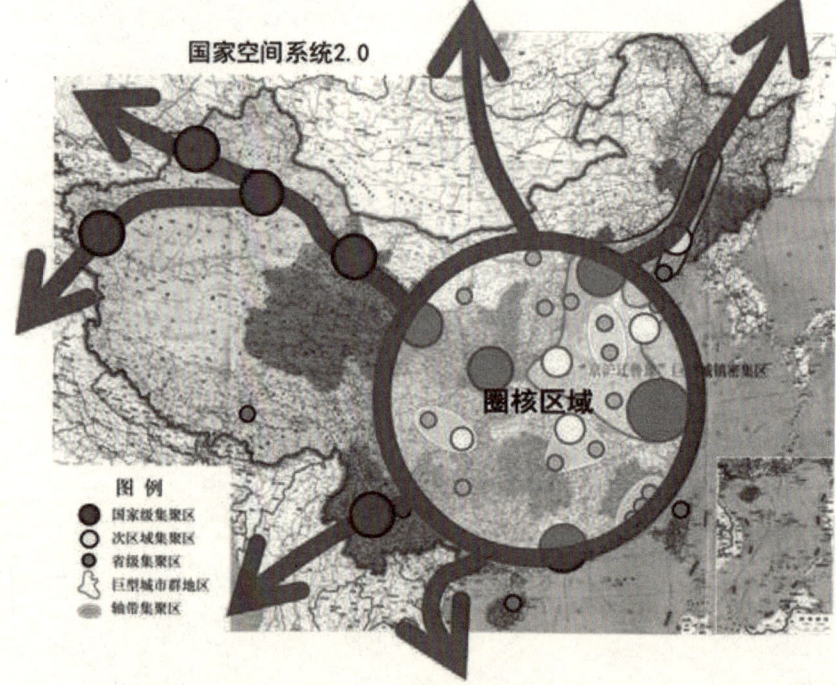

图11-7 中-非格局创新（左上）
图11-8 国家空间系统2.0格局图（左下）
图11-9 国家空间系统2.0——城市群格局展望图（右）

的城市群格局

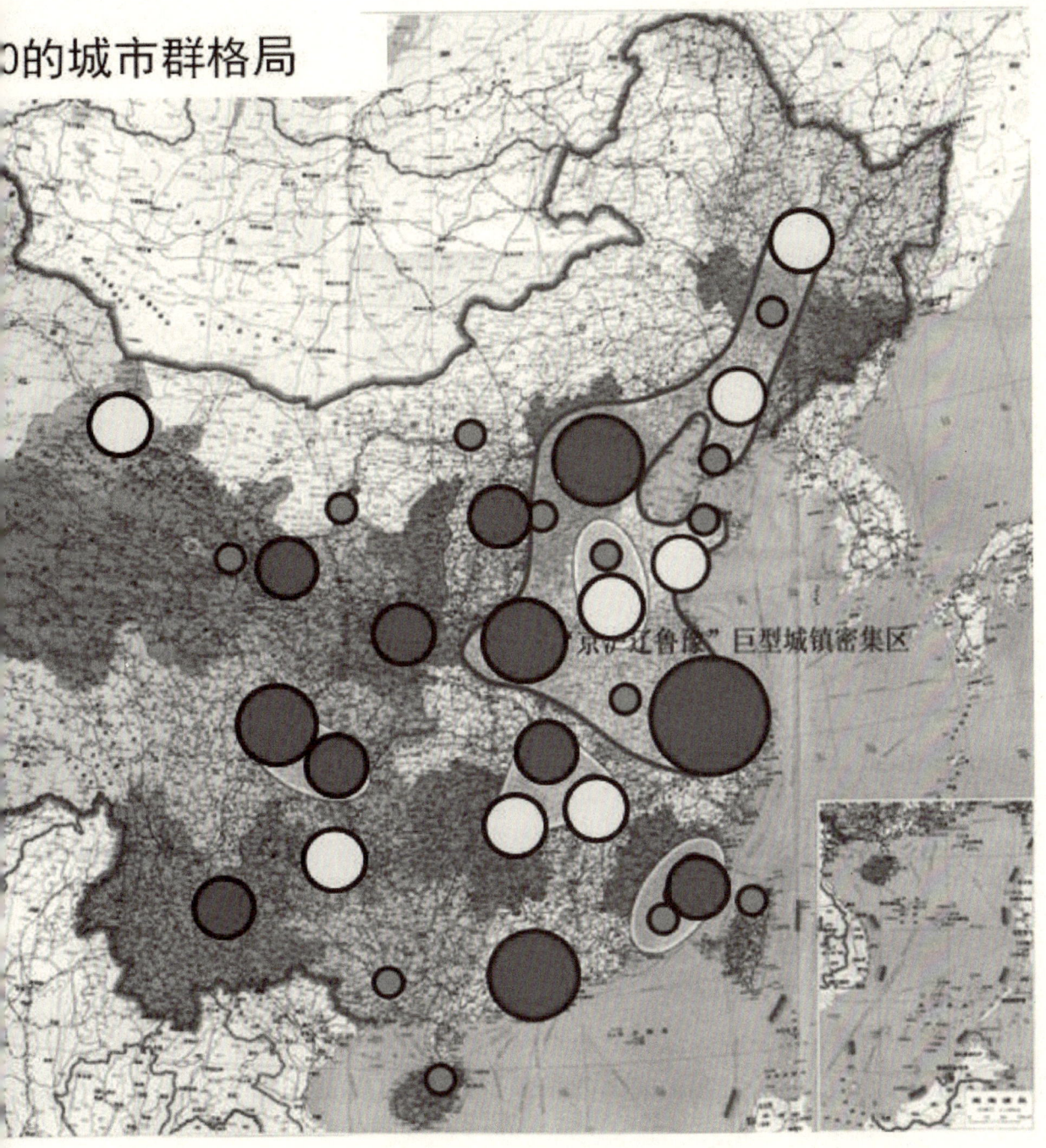

"京沪辽鲁豫"巨型城镇密集区

中蒙俄功能发展带；

中国 - 巴基斯坦 - 非洲发展带；

中国 - 中亚 - 欧洲发展带；

中国 - 缅甸 - 非洲发展带，远期分接印度 - 中东轴；

中国 - 越南 - 东盟发展带。

(2) 中西部"城市群化"过程启动

以世界轴为依托，中西部地区的城市群将成批进入启动阶段 (图 11-9)。包括成渝城市群、中三角城市群、滇中城市群、西咸城市群、太原城市群、兰州城市群、乌鲁木齐城市群等。

第十二章 空间系统的层－级进化理论

一、层-级进化理论

1. 理论必要性

笔者在2003年博士论文中提出了"层-级进化"理论。该理论仍然能指导全球空间格局的构建。

中国的空间结构,从传统城镇体系走来,在走向全球空间系统的过程中,会有若干个中间状态。中国城镇格局属于人为干预力特别强的类型,大量受干预的中间状态是结构误区,正确的结构状态也在发育,但混杂在大片误区中,总体结构的最优价值没有实现。例如,多年坚持的"大中小城市协调发展"的观点和"以城市群为主体"的发展观点,到底是个什么关系?

中国走向全球空间系统的过程,是一个重大结构变化期,该理论的价值值得再一次阐述、发现。

2. 层-级进化的概念

本书将该理论的核心思想简化为:在城市化进程中,城镇体系区域边界的扩大将导致结构进化——空间尺度由小到大形成"层次序列"(即"层"),这只是面积数量的增长(量变);每个"层次"中有对应的空间结构,随着空间尺度每拓展一次,结构体系就可以更新一次、结构复杂度就可以提高一级(即"级"),这种变化是结构的变化(质变)。这种"层"和"级"的概念合称为"层-级",对其演变进化的认识就是"层-级进化理论",或简化为"层级进化理论"。

抛开结构误区(偏离区),这种跨"级"进化不是原有结构的简单增长,而是面目全非的结构创新,由于新结构与原结构不连续,故也称为"非线性变化",即边界每扩大一次,整体结构就刷新一次、结构复杂程度就升高一级。所以,"层-级进化"是指非线性结构在"层"和"级"两个维度上同时向高级方向的演化(图12-1中a区与b区虽然层次相同,都是省域空间结构,但具体结构却不同)。简单地说,层-级进化就是非线性结构的进化[①]。

层-级进化的形象表达见图12-2。其中,第2、3层属于城镇体系范畴;第4层属于城市群范畴,分球系统属于全球系统的一个子系统;第5层的全球系统是指某种结构形式的全球空间格局,例如美国主导的全球化空间格局;多球系统是指多种结构形式并存的全球空间格局,例如一带一路格局与既有全球化格局的并存状态;当多种全球空间格局达到协同状态时,便形成多球聚合系统、复杂多球系统等等。本书讨论的属于多球聚合系统层次的结构问题。

[①] 罗志刚,高级复杂城市系统的新结构特性实证及层级进化理论研究,同济大学博士后工作站研究报告,2003.7

3."层级进化"的形式

"层-级进化"包涵两种形式(图 12-1)：

仅有一个"级差"的进化，可称为"单层级进化"，或称为"逐级渐进式进化"。这一过程系统的空间层次增加一层，非线性结构复杂程度增加一级。

跨越多个层级发生的进化，可称为"多层级进化"——当某空间系统具备跨越多个层级的发展条件时，其演化方式可以是多级联动而非逐级渐进，即可以出现跨越式发展。

二、层级进化理论对全球空间格局的指导

1.跨层级进化

在全球格局的背景下，国家系统必须是一个跨层级进化过程。

空间层次从国家尺度跨越到全球尺度。结构复杂度从城市群结构跨越到多球复合系统结构。最突出的变化比如，原来的末端区位可能变为前沿区位，如新疆、云南。

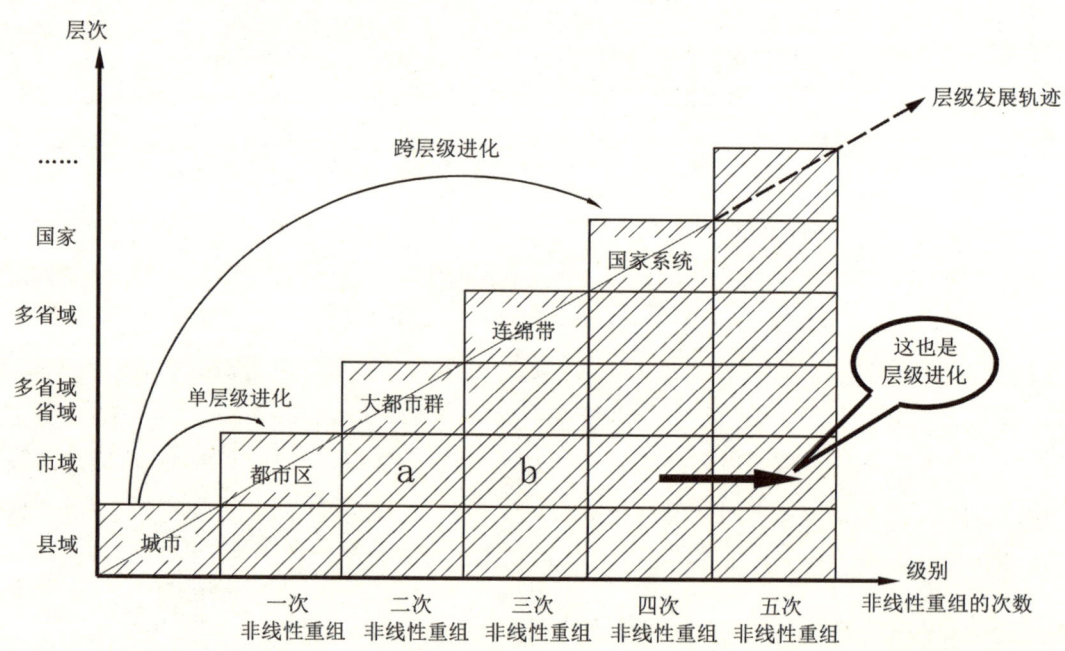

图注：层-级发展轨迹线上方的空白三角区是所在级别的结构重复区，没有结构意义。如第一层、第一级的"城市"，对应的是城邦或城镇体系级别的结构，区域尺度如果要扩大，空间组织方式就是更多城邦或城镇体系的复制，结构复杂度没有增加。再如：郑州大都市区层级和郑汴洛一体化的大都市群层级，本身结构复杂度提高一级，其下级空间单元的格局也全部发生变化。再如：图中的 a 区，是多省域大城市群格局下某个省的空间结构，可能表现为一根发展轴；而 b 区则是国家级连绵带格局下同一个省的空间格局，其发展轴的级别、城镇的规模、性质都不同于 a 区。

图 12-1 层级进化的理论形式表达——单层级进化和跨层级进化

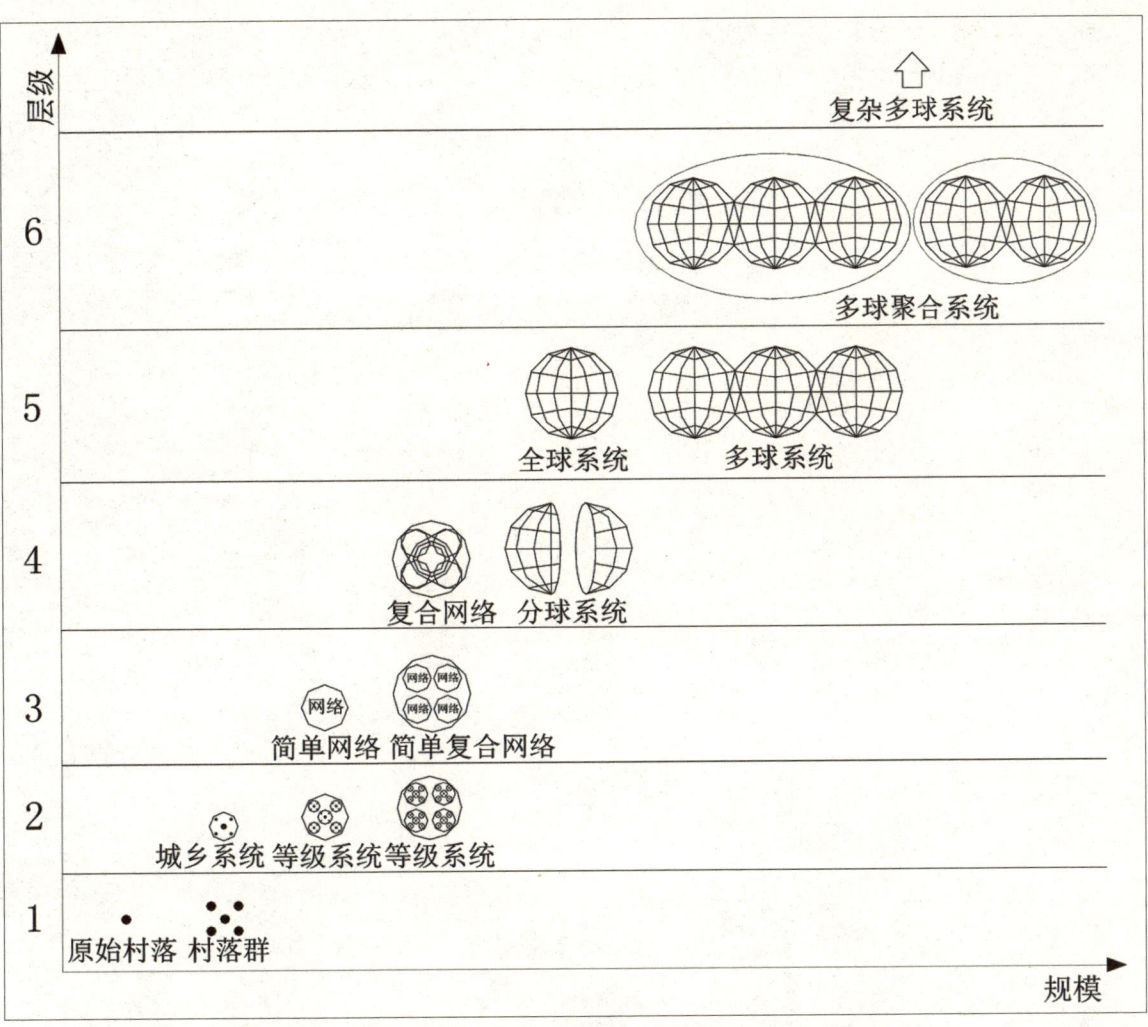

全球系统：如美国主导的全球化空间格局，单一系统时代，散点特征
多球系统：如美国主导的全球化格局与新兴的一带一路格局的并存状态

图 12-2 人居环境系统的层 - 级进化规律

2. 巨型开放系统

在全球格局背景下，国家系统将是一个开放系统。可能表现在多方面。如人口来源具有开放性，产业体系具有外部联动性，空间布局需对接全球系统主结构轴。如，兰新线沿线地带具备布局产业、人口的必要性，从而对改善水资源供给条件提出了新要求。

3. 新结构涌现性

以全球系统为依据，国家系统将出现许多新涌现出的结构，比如云南 - 中南半岛连接，云南 - 南亚的连接、兰新 - 中亚的连接、中蒙俄南北大十字连接以及中 - 俄 - 美洲际连接等等，京沪鲁豫大十字地带更具有核心性等等，这些都具有新结构涌现性。

第十三章　规划应用案例

一、太原：山西转型综合发展示范区——区域格局构建

在工业化和全球化的时代，山西作为内陆省份，区域闭塞，与中国和世界的主要发展区域和廊道脱节。为求发展，必须谋求区域格局创新。

规划从大区域格局研究出发，寻找太原与高级别轴带的关系，再通过组合中微观尺度的发展条件，形成了发展战略，构建了新发展格局。

规划利用太中银高铁形成新欧亚大陆桥新线，并识别构建亚洲南北干线，打造形成了欧亚陆桥东部大十字，使太原得以融入国际大区域发展格局。

1. 定位欧亚大陆桥新线节点

新欧亚大陆桥东起中国连云港，西到荷兰鹿特丹，是贯通欧亚的重要通道，也是"一带一路"战略的重要依托。新欧亚大陆桥在中国境内途径江苏、安徽、河南、陕西、甘肃、青海、新疆7省区，与山西擦边而过。

当前，新欧亚大陆桥已出现运力不足现象。未来随着"一带一路"战略的实施和亚欧联系增强，现状新欧亚大陆桥将更显单薄，需开辟新的通道。正在建设的"太中银"铁路可以用来开辟新欧亚大陆桥新线，从天津 - 石家庄 - 太原 - 银川一线接入新欧亚大陆桥。该线路优点是路线更直捷，且可直通京津经济发达区域，更好地优化"一带一路"格局。对太原来说，接通新欧亚大陆桥新线将使太原成为亚欧大通道、丝绸之路经济带的重要节点。

2. 识别构建亚洲南北干线

纵览亚洲，北部的俄罗斯资源丰富、人口稀少，中部的中国经济迅速发展、人口众多，南

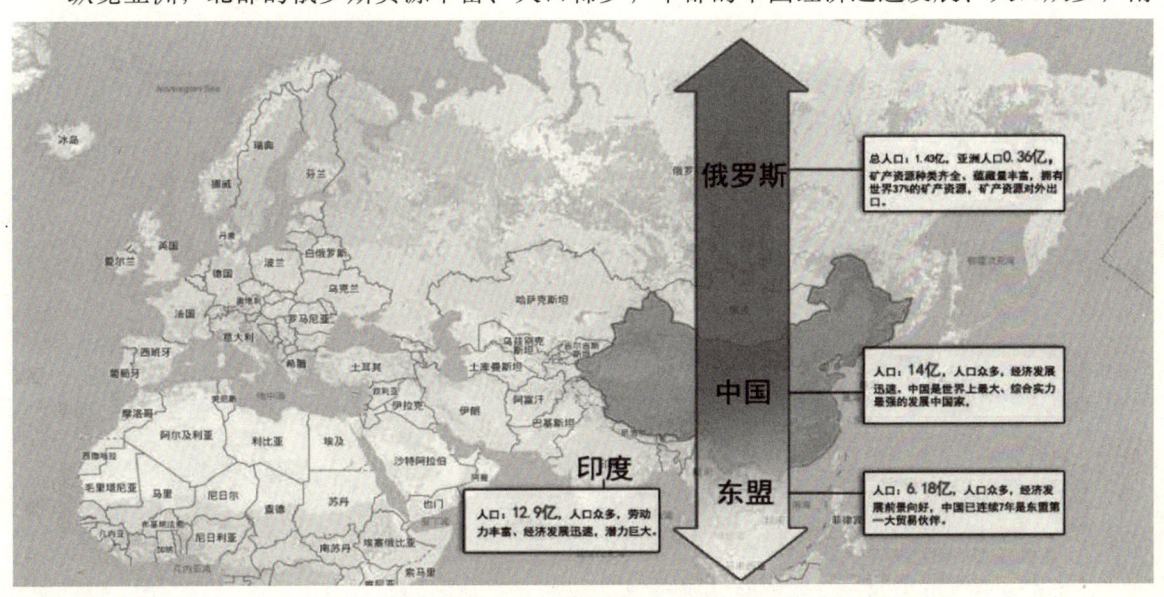

图 13-1 打通亚洲南北干线的必要性分析

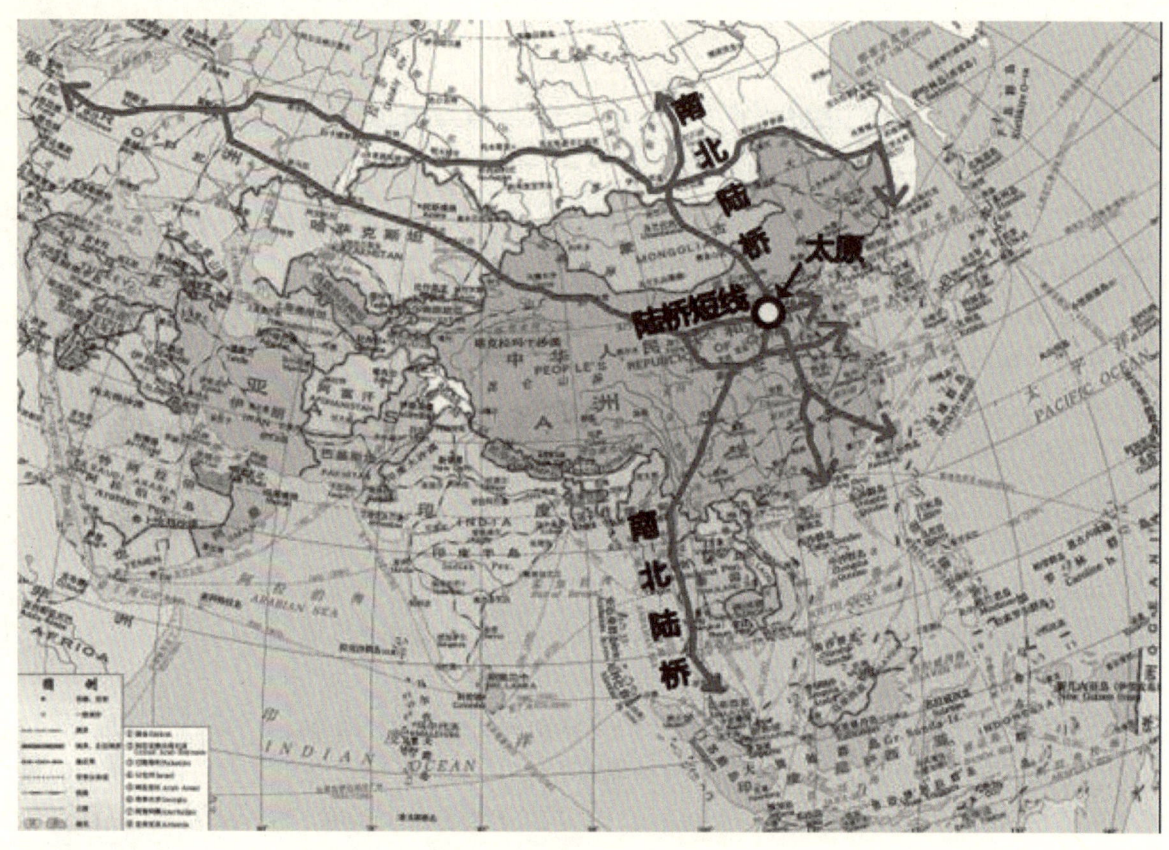

图 13-2 亚洲东部大十字的构建

部的印度和东盟人口众多、市场潜力巨大,然而目前,还缺乏贯通亚洲南北的干线通道(图 13-1)。可以从俄罗斯境内的欧亚大陆桥,接蒙古乌兰巴托,再向南接入中国,经太原向南后,一路经郑州 - 武汉,再分别指向香港和台湾;另一路经西安 - 成都 - 昆明,再通向东盟国家。在亚洲南北干线上,太原将起到枢纽性作用。

接通新欧亚大陆桥新线,打通亚洲南北干线,打造欧亚陆桥东部大十字后,太原将成为大十字核心节点,国际区位得到跨越性提升(图 13-2)。

二、洛阳组团式城市发展战略——区域格局构建(2012)

1. 发现"大三角"格局,提升城市群定位

由太行山脉、大别山脉围合的华北、黄淮大三角平原区域为我国人口最多、城市最密集的区域之一。

长三角、京津冀两大城市群位于该区域的南北两极。中原城市群位于该区域西极、高原与平原交接地带,东西资源交流汇聚咽喉,在大三角平原区域西端形成城市密集区(图 13-3、图 13-4)。

"大三角格局"的发现,将中原城市群地位提高到了新的高度,使其得以与长三角、京津冀、

山东半岛共同组合形成更高级的结构。这一发现是2015年出版的《从城镇体系到国家空间系统》中所提出的"京沪鲁豫"大十字结构的概念原型。

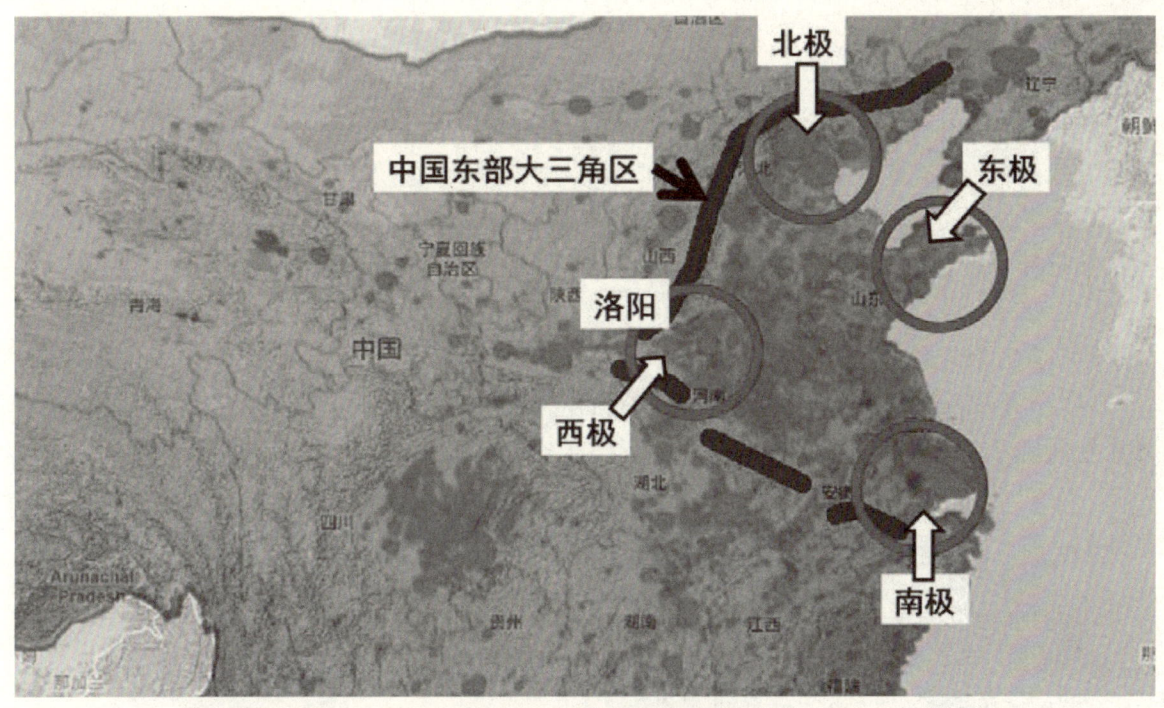

图13-3 洛阳区域格局的新发现1

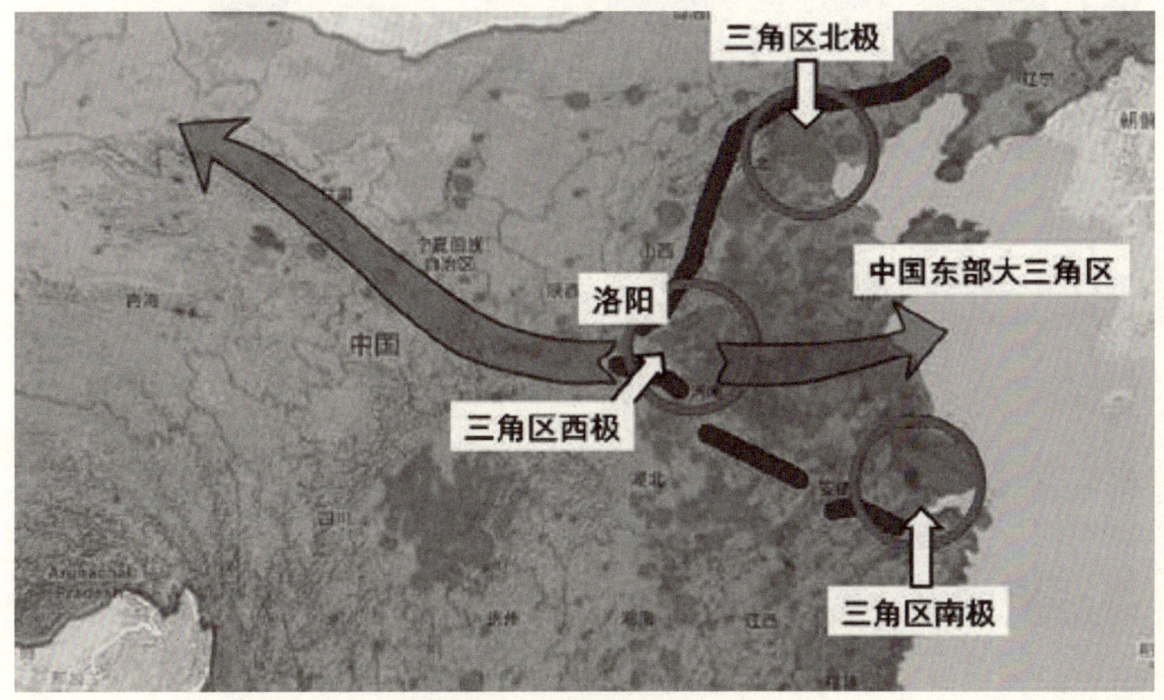

图13-4 洛阳区域格局的新发现2

2. 衔接大区域结构，引导本区域结构发育

洛阳处于欧亚大陆桥主轴区位，向西衔接大西北内陆腹地，向东连接沿海港口，区位条件独特。结合 GDP、人口、交通、用地、水资源等分析，提出洛阳的区域发展战略为培育城市群框架，丰富"郑-洛-汴"城市群的结构，构建洛阳-济源-巩义城市群。

3. 城市群规模分析

通过与英、法、荷兰、日本等国的城市群相比（图13-5），得出结论：河南省城市体系松散，集聚度低；河南省沿黄地带城市集聚度低。再做人口规模与集聚度研究。

集聚度的定义：城市集聚地区城市人口占区域或全国人口比重为集聚度。首先研究日本美国的集聚度发展历程。日本[①]2000年集聚度达到65.2%，美国2000年集聚度达到80.31%。见表13-1、表13-2。

再研究河南省的集聚度。

以沿黄地带城市群作为河南省集聚度研究的基本单位。按2020年全省人口1.1亿及目前的城市规划预测，2020年核心城市群集聚度为2704/11000=24.5%。远低于世界城市群参考标准。

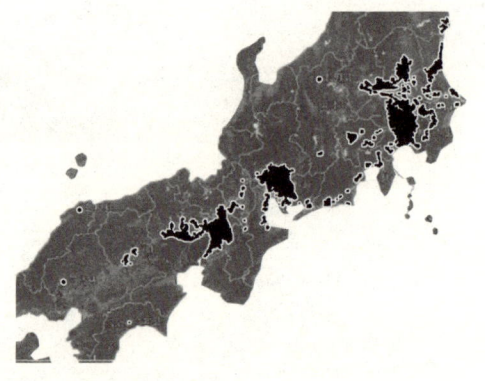

英国、荷兰、法国　　　　　　　日本

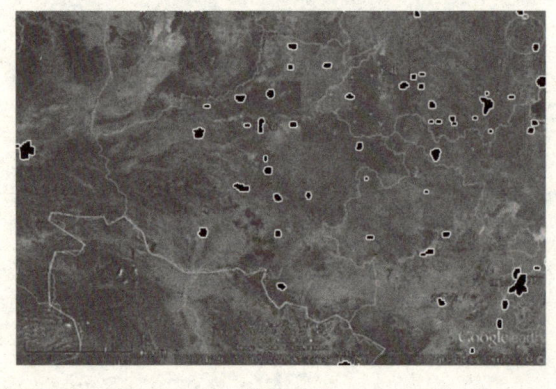

河南

人口规模：
英国（6222万人）
荷兰（1661万人）
法国（6296万人）
日本（1.27亿人）
河南（1.05亿人）

（3张图片比例尺相同，图中深黑色斑块为城市）

图13-5 河南与欧洲、日本城市群集聚度的比较

表 13-1 日本、美国人口集中地区人口占全国比重

年 份	日本人口集中地区人口占全国比重	美国大都市区人口占全国人口比重
1980	59.70%	75.79%
1985	60.60%	
1990	63.20%	77.48%
1995	64.70%	
2000	65.20%	80.31%
	年均增长 0.54 个百分点	年均增长 0.48 个百分点

表 13-2 世界主要城市群人口规模比较

序号	城市群	范围、组成	人口规模（万）	占国家或地区人口比重（集聚度）
1	美国东海岸城市群	波士顿、纽约、费城、巴尔的摩、华盛顿	6500	22.5%
2	北美五大湖城市群	位于五大湖沿岸，从芝加哥向东到底特律、克里夫兰、匹兹堡以及加拿大多伦多和蒙特利尔		
3	日本东海岸城市群	从东京湾的千叶开始，经东京、横滨、静冈、名古屋、大阪、神户直达北九州的长崎	7000	61%
4	欧洲西北部城市群	大巴黎地区城市群、莱茵—鲁尔城市群、荷兰—比利时（法国 6500 万、德国 8200 万、荷兰 1650 万、比利时 1090 万，人口合计 17440 万）	兰斯塔德 710 莱茵鲁尔 1000	43% 12%
5	英国伦敦-利物浦城市群	以伦敦——利物浦为轴线，由伦敦大城市经济圈、伯明翰城市经济圈、利物浦城市经济圈、曼彻斯特城市经济圈、利兹城市经济圈	3665	62.7%
6	长三角城市群	由上海以及江苏的南京、镇江、扬州、泰州、南通、苏州、无锡、常州，浙江的杭州、嘉兴、湖州、宁波、绍兴、舟山城市组成	7000 （江浙沪人口 15654）	45%

根据网络信息整理

再研究河南省的集聚度。

以沿黄地带城市群作为河南省集聚度研究的基本单位。按 2020 年全省人口 1.1 亿及目前的城市规划预测，2020 年核心城市群集聚度为 2704/11000=24.5%。远低于世界城市群参考标准。

---

① 日本城市人口集中地区的设定标准是，a.国势调查基本单位区的人口密度在每平方公里 4000 人以上，并在市区町村行政范围内相互邻接；b.与这些区域相邻接，在国势调查时，人口在 5000 人以上的区域。符合这两项条件的区域在统计上即为人口集中地区，它们是实质性的城市地域。郑宇，战后日本城市化过程与主要特征 [J]. 世界地理研究，第 17 卷第 2 期，2008.6.

表 13-3 2020年省域各中心城市人口规模汇总表　　　　　　　　（单位：万人）

城　市	2020 市域人口	2020 城镇人口	2020 市区人口
郑州市	1100	880	500
开封市	548	329	146
洛阳市	740	480	300
新乡市	630	365	155
焦作市	420	273	140
许昌市	530	318	90
济源市	84	59	49
合　计		2704	1380

表 13-4 河南省城市化水平预测表　　　　　　　　（单位：万人）

年　份	总人口	按城镇非农业人口计		按城镇驻镇人口计	
		人口	比重	人口	比重
2000	9450	1625	17.2%	2260	23.9%
2010	10400	2900	27.9%	3900	37.5%
2020	11000	3680	33.5%	5600	50.9%

此表来源：《河南省城镇体系规划（2001——2020年）》

表 13-5 大集聚模式的城市人口预测　　　　　　　　（单位：万人）

城　市	2011 常住人口	2011 总人口数	2011 城镇化水平	推算 2011 城镇人口	2020 城镇人口预测
郑州市	886	735	64.8%	476	1273
开封市	466	506	37.8%	191	511
洛阳市	657	685	46.1%	316	844
新乡市	566	593	42.9%	254	680
焦作市	353	364	48.8%	178	475
许昌市	430	479	40.9%	196	524
济源市	68	68	51.4%	35	93
合　计				1646	

前3列基础数据来源：《河南省统计年鉴2012》。

参考文献

[1] Erich Jantsch. 自组织的宇宙观 [M]. 曾国屏等，译. 北京：中国社会科学出版社，1992.

[2] 魏宏森、曾国屏译. 系统论——系统科学哲学 [M]. 北京：清华大学出版社，1995.

[3] 王德胜. 科学史 [M]. 沈阳出版社，1992.

[4] 苗东升. 系统科学精要 [M]. 北京：中国人民大学出版社，1998.

[5] 许国志. 系统科学大词典 [M]. 序二，昆明：云南科学技术出版社，1994.

[6] （德）H. 哈肯著，杨家本译. 协同计算机和认知：神经网络的自上而下方法 [M]. 北京：清华大学出版社，1994.

[7] 宁越敏. 新的国际劳动分工 世界城市和我国中心城市的发展 [J]. 城市问题，1991(3):4~9.

[8] 赵新正. 经济全球化与城市 - 区域空间结构研究——以上海—长三角为例 [D]. 华东师范大学，博士论文，2011.

[9] 孟庆民，李国平. 新国际劳工分工研究动态 [J]. 世界地理研究，2000，9(2).

[10] 王生升. 金融帝国主义的黯淡前景 [J]. 红旗文稿，2015(2).

[11] 苏雪串. 西方世界城市理论的演变及其对北京的启示 [J]. 中央财经大学学报，2017(2).

[12] [美] 丝奇雅·沙森. 全球城市：纽约、伦敦、东京 [M]. 上海社会科学院出版社，2005.

[13] 沈丽珍. 流动空间 [M]. 南京：东南大学出版社，2010.

[14] 邓静，孟庆民. 新城市发展理论述评 [J]. 城市发展研究 (1).2001.

[15] Taylor, P. J. World City Network: a Global Urban Analysis[M]. London:Routledge.2004.

[16] The World According to GaWC 2016[OL]. http://www.lboro.ac.uk/gawc/world2016t.html

[17] [美]Mitchell W J. 我 ++——电子自我和互联城市 [M]. 北京，中国建筑工业出版社，2006.

[18] 赵民, 李峰清, 徐素. 新时期上海建设"全球城市"的态势辨析与战略选择 [J]. 城市规划学刊，2014(4).

[19] C. A. Doxiadis. Ecumenopolis: the Inevitable City of the Future. Athens Publishing Center, 1975.

[20] 吴良镛. 人居环境科学导论 [M]. 北京：中国建筑工业出版社，2001.

[21] 世界人口密度图 (按行政区), 国 / 行政区で区分けした人口密度の世界地 (2012)[OL]. http://naglly.com/archives/2012/12/population-density-world-map.php，http://fc07.deviantart.

net/fs71/f/2012/031/3/d/population_density_by_tzapquiel-d4o7mh9.png

[22] 陈亮．近十年来国内的北约东扩研究综述 [J]．山东省农业管理干部学院学报，2011，28(3)．

[23] 戴维·瓦因．美国暗中改造海外军事基地，创造更危险战争模式 [OL]．2012.7.26，来源：新华网（http://mil.sohu.com/20120726/n349061681_2.shtml）

[24] 时习．美军基地遍布全世界，五角大楼是最大地主 [OL].2007.3.5. 人民网 (http://world.people.com.cn/GB/1029/42355/5439958.html)

[25] 宋忠平．中国海外基地的梦想与现实 [N]．国际先驱导报，2015.6.17．

[26] 国家发展改革委、外交部、商务部．推动共建丝绸之路经济带和 21 世纪海上丝绸之路的愿景与行动，2015.3．

[27] 新华社启动"新丝路 新梦想"大型集成报道 [N].2014.5.8. 新华网

[28] 赵超、王优玲．推动共建"一带一路"愿景与行动的 20 条"干货"[OL]，http://www.xinhuanet.com/world/2015-03/28/c_1114794890.htm. 中央政府门户网站

[29] 黄醒彪．"一带一路"对香港的含意 [OL]，香港贸易发展局．经贸研究网，2015.4.16．

[30] 陈菲．"一带一路"与印度"季风计划"的战略对接研究 [J]．国际展望，2015(6)．

[31] 欧盟"容克计划"对接中国"一带一路"[OL]．中国经济网．2016-11-08. http://www.twwtn.com/detail_224087.htm

[32] 王光谦，钟德钰，李铁键等．天空河流：发现、概念及其科学问题 [J]．中国科学：技术科学，2016, 46: 649~656.

[33] 易志坚，沙漠"土壤化"生态恢复理论与实践 [J]．重庆交通大学学报 (自然科学版)，第 35 卷增刊 1，2016．

[34] 罗志刚．高级复杂城市系统的新结构特性实证及层级进化理论研究 [R]．同济大学博士后工作站，2003．

[35] 郑宇．战后日本城市化过程与主要特征 [J]．世界地理研究 .17(2),2008.6.

[36] [美] 奥利弗·吉勒姆．无边的城市——论战城市蔓延 (TheLimitless City, A Primer on the Urban Sprawl Debate [M]．叶齐茂，倪晓晖，译．北京：中国建筑工业出版社，2007．

致　谢

感谢同济大学校伍江副校长对我第一部著作《从城镇体系到国家空间系统》的高度评价和对我继续开展创新研究工作的鼓励和期盼，感谢校工会授予我"同济大学劳模创新工作室"的称号，使我树立了以创新研究回报国家和社会的信念。

感谢同济大学出版社陈立群先生对本书的大力肯定与支持，他作为第一个读者提出了关于新陆权主义的重要建议。

感谢同济大学赵民教授对勾可(GaWC)测度提出的宝贵指导意见。

感谢清华大学薛恩伦教授连续多年组织考察欧洲、西亚，使我对"一带一路"沿线地区有了感性认识，这些认识对本书的形成具有重要作用。

感谢上海同济城市规划设计研究院有限公司周俭院长、王新哲副院长、肖达副院长、刘晓团队提供了日喀则总规、顺丰临空经济区研究、太原潇河概念规划、洛阳中心城市发展战略等实战项目，使我在实践中检验、发展了理论。

感谢我工作室的全体同仁，为本书写作与出版付出的辛勤劳动。

这本书的认识论来自十七年前在清华大学选修的"系统论"课程，它一直在幕后给我以信心和灵感，感谢魏洪森、肖广岭、吴彤等当时的几位任课教授。

感谢我清华的导师赵炳时教授顶住压力、鼓励我开题进行博士论文研究，感谢副导师尹稚教授对我博士论文认识论、方法论的认可，感谢同济大学陈秉钊教授在我的博士后报告阶段给予的开放性包容和鼓励，使一个独创性的理论日趋成熟，这些为本书提供了坚实的理论基础。

最后感谢我们生逢盛世，中国的发展成就和远大抱负是本书的坚强后盾。

罗志刚
2019.3.10